인간의 본능과 사상에 대하여

사람 이란?

WHAT IS MAN?

마크 트웨인 지음/심일섭 옮김

도서출판 한글

머리말에 대신하여

이 책은 마크 트웨인이 만년인 60세 후반에 쓴 작품『WHAT IS MAN』의 완역본이다. 이 무렵부터 그의 사상과 그의 작품들 속에 깊은 인간 불신의 페시미즘이 농후하게 나타나고 있는 것을 볼 수가 있다. 왜 그랬을까? 잘 모르기는 해도 그가 인생의 노년기(이는 곧 사상의 완숙기를 말하기도 한다)에 접어듦에 따른 여러 가지 외재인外在人 탓이었으리라고 생각된다.

우리나라의 옛 말에도 "오래 살면 궂은 꼴 많이 본다"는 속담이 있지만, 작가도 오래 살다 보니 이런 저런 궂은 꼴, 즉 사랑하는 딸의 죽음, 난치병 발병, 부인의 질고 등 이런 거듭되는 육친의 불행을 겪으면서 이런 색 짙은 회의가 잇달아 솟구쳐 나와 그를 절망 속으로 몰고 갔던 것 같다.

미주리주 미시시피 강변의 한 촌에서 자라던 새뮤얼 클레멘즈라는 이름 없는 초등학교 출신의 한 소년이 길바닥에 굴러다니는 종이조각(책장) 한 장을 주운 사건이 계기가 되어 마크 트웨인이라는 세계적인 대작가가 된 그의 작가로서의 출발이 자못 해학적이었듯이, 공교롭게도 그가 남긴 걸작들을 보면 모두가 해학적이고 풍자적인 것이다. 그러기에 누군가는 그를 가리켜 '미국이 낳은 가장 위트와 유머가 있는 위대한 작가'라고 평했을 것이다.

그가 단편적으로 여기저기 발표했던 동물과 곤충에 관한 기록('동물원 이야기'라는 책으로 묶어져 나왔음)을 읽어보면 그 사실을 알 수 있다. 게다가 그가 언제, 어떻게 그리도 세밀하게 동물심리(세계)를 관찰할 수 있었는지 놀라울 따름이다. 실로 저절로 고개가 숙여진다.

끝으로, 이 책은 그의 히트 작『이상한 소년』을 읽은 사람은 다 아실 테지만 그 책과는 밀접한 상관관계가 있다. 부연한다면 이 '노인과 청년의 대화' 형식의 평론 속에 나타난 마크 트웨인의 인간관을 거의 그대로 이야기화한 것이『이상한 소년』이기 때문이다. 그러니『이상한 소년』을 못 읽고 이 책을 읽는 독자는 그 책도 꼭 한번 읽어 둔다면 도움이 되리라고 믿는다.

더 전문적인 강평은 전문가에게 맡기기로 하고 이로써 머리말에 대신한다.

옮긴이 씀

목 차

1.

인간은 기계

− 인간의 가치 −

　한 노인과 청년이 이야기를 하고 있었다. 노인은 인간이란 결국 하나의 기계에 지나지 않는다고 주장했다. 그러나 청년의 견해는 반대였다. 그리하여 더 상세히 설명해 주었으면 한다고, 왜 그렇게 주장하는지 그 이유를 알고 싶다고 하면서 이야기는 전개된다.

OLD MAN : 자넨, 증기기관차가 어떤 재료로 만들어졌다고 생각하는가?

YOUNG MAN : 쇠, 강철, 놋쇠, 화이트 메탈(錫을 주로 한 일종의 합

금, 피스톤, 실린더 등을 만드는데 사용된다) 같은 것들이
겠죠.

OLD MAN : 그런 것들은 어디서 났지?

YOUNG MAN : 암석 속에서입니다.

OLD MAN : 순수하게 말인가?

YOUNG MAN : 아니죠, 원광석으로입니다.

OLD MAN : 그 금속류가 갑자기 원광석 속으로 들어갔을
까?

YOUNG MAN : 아닙니다. 수만, 수십만 년의 세월이 흐르는 동
안, 아주 조금씩 조금씩 섞여서 이루어져온 것
이죠.

OLD MAN : 그럼 자네는 그 암석 자체로써 기관차를 만들
수 있겠는가?

YOUNG MAN : 모양이야 만들 수 있겠지요. 하지만 그렇게 해
서는 취약하여 아무래도 사용할 수 없을 겁니
다.

OLD MAN : 그러니까 곧 그렇게 만든 기관차 따위는 그다지
가치가 없다는 얘기겠네 그려.

YOUNG MAN : 그렇습니다. 아마도 전혀.

OLD MAN : 그럼 우리에게 도움이 되는 정교한 기관차를 만

들려면 어떻게 해야 할까?

YOUNG MAN : 산에 터널이나 수갱竪坑을 파고 발파 장치를 하여 철광석을 파내죠. 그리고 그것들을 부서뜨리고 또 녹여서 선철銑鐵로 만듭니다. 그런 다음에는 그걸 또 벳세머 제강법(19세기 중엽 영국의 발명가, 기업가인 헨리 벳세머가 소위 벳세머 제강법을 발명하여 철강업에 획기적 발전을 가져왔다)을 이용하여 강철로 만듭니다. 또 놋쇠를 만드는 여러 가지 금속들도 역시 파내서 처리하고, 최후로 합금을 만듭니다.

OLD MAN : 그리고 또?

YOUNG MAN : 그렇게 해서 만들어 낸 재료로 훌륭한 증기기관차를 만드는 겁니다.

OLD MAN : 그런 것들이라면 많이 필요하겠네 그려?

YOUNG MAN : 그렇죠, 필요하고말고요.

OLD MAN : 결국 그런 것들로 선반기네, 드릴이네, 평삭반平削盤이네, 펀치네, 연마기硏磨機네 하는 것들…… 등을 만들어 큰 공장의 정교한 기계들을 작동시킬 수가 있다는 말 아닌가?

YOUNG MAN : 그렇습니다.

OLD MAN : 그럼 돌로 만든 기구라면 어떨까?

YOUNG MAN : 기계톱 정도는 움직이겠지만 아마 그 이상은 안 되겠죠.

OLD MAN : 그러면 인간이란 존재는 기관차만 보고 감탄하
며 좋아 날뛰며 예찬한다는 말이군 그래.

YOUNG MAN : 그렇습니다.

OLD MAN : 그런데 돌로 만든 것은?

YOUNG MAN : 문제 삼지도 않죠.

OLD MAN : 그러면 금속제 기관차가 석제보다 효능이 백이
겠네?

YOUNG MAN : 물론입니다.

OLD MAN : 그럼 자네의 그 인간적 가치는?

YOUNG MAN : 인간적 가치라뇨, 무슨 말씀이신지요?

OLD MAN : 즉 작용이라고 하는 것은 인간적인 의미에서도
신뢰할 만한 가치가 있다는 말인가?

YOUNG MAN : 그 기관차 말씀입니까? 물론 그럴 수는 없겠
죠.

OLD MAN : 왜 그렇지?

YOUNG MAN : 그 기관의 작용이라는 것이 인간적인 건 전혀
아닙니다. 결국 그것은 그 구조가 갖는 법칙의
결과에 지나지 않으니까요. 기관이 설계대로의
작용을 한다는 것은 아무 가치도 없습니다. 말

하자면 싫더라도 그렇게 하는 수밖에 없는 작용
이니까요.

OLD MAN : 그럼 돌 기관차가 전연 도움이 안 된다는 말도
기관 그 자체의 실수는 아니겠네 그려.

YOUNG MAN : 그렇지요. 즉 기관의 작용이라는 것은 구조상
허용된다고 할까요. 그렇지 않을 수가 없게 만
들어져 있는 법칙을 다만 그대로 하고 있을 따
름이라는 것, 그 이상도 아니며 그 이하도 아니
니까요. 인간적이라는 것과는 전혀 관계가 없습
니다. 선택의 여지도 없죠. 선생님의 논법은 소
위 추궁 논법 같은데, 그로써 노리는 것은 뭐랄
까, 인간과 기계는 거의 같은 물건, 그러니까 어
느 쪽의 하는 일에나 모두 인간적 가치 같은 건
없다고 하는, 그러한 명제로까지 끌고 가려고
시도하는 게 아닙니까?

OLD MAN : 그렇지…… 그러나 화는 내면 안 되네. 악의가
있는 건 아니니 말일세. 그럼 도대체 돌로 만든
기관차와 동철로 만든 기관차의 차이는 무어란
말인가? 훈련이나 교육이라고 말하려는가? 돌
기관차는 미개하고 동철제의 기관차는 문명이

라는 뜻인가? 동철제 기관차의 원료가 되는 금
속이라는 것은 원광석 속에 포함되어 있지……
그런데 그와 함께 그것들은 고대의 지질 시대로
부터 이어받아 내려오고 있는 다량의 유황, 암
석 등 이른바 방해물인 생태의 유전물질— 편향
물偏向物이라고 말해도 좋으려나— 그것들은 모두
포함하고 있을 테지. 그런데 그 편향물이란 것
은 암석 자체 속에 있는 것으로서는 어느 것도
이것을 배제할 힘은 없고, 또 그렇게 할 의지도
없는 탓이지. 자네 이 대목은 좀 메모를 해 두지
않겠는가?

YOUNG MAN : 알겠습니다. 다 썼습니다. '암석 자체 속에 있
는 것으로서는 어느 것도 이를 배제할 힘은 없
고, 또 그렇게 할 의지도 없다'고. 계속해 주십
시오.

OLD MAN : 그러니까 그것은 무언가 외부로부터의 힘으로
배제하던가, 안 되면 그대로 방치해 두는 수밖
에 도리가 없지. 써 주게나.

YOUNG MAN : 알았습니다. '무언가 외부로부터의 힘으로 배제
하던가, 그렇지 않으면 그대로 방치해 두는 수

밖에 도리가 없다'고요. 됐습니다. 계속하시죠.

OLD MAN : 철의 편향성이라는 것은 스스로는 그 방해가 되
는 암석을 제거하려고 하지 않는다는 것, 더 엄
밀하게 말하면 철이라는 것은 그 암석이 제거되
건 아니 되건, 그런 것에는 일체 무관심한 것이
라네. 종종 그곳에 밖으로부터의 힘이 작용하지.
즉 암석을 가루로 분쇄하여 원광석만을 해방시
키는 것이지. 하지만 그래도 아직 원광석 속의
철은 여전히 죄수나 마찬가지로 갇힌 신세라네.
거기서 또 밖으로부터 힘이 작용하여 그것을 녹
여 불순물이 혼합된 원광석에서 철분만을 분해
하지. 그러면 비로소 철은 자유로운 몸이 되는
거네. 그렇더라도 역시 그 이상의 일에는 완전히
무관하지. 또 외적인 힘이 스며들어 벳세머식 전
로電爐로 들여보내지. 그리하여 비로소 순수한 강
철이 되는 거라네. 즉 교육이 된…… 완전히 훈
련이 끝난 거지. 그렇지만 교육은 그걸로 끝장이
야. 무슨 짓을 한다 하더라도 '황금'으로 만들기
까지의 교육은 불가능하니까. 이것도 착실히 적
어 두게나.

YOUNG MAN : 알았습니다. '모든 것에는 한계가 있다…… 철
광석을 황금으로 만들기까지의 단련은 불가능'
이라고

OLD MAN : 그리고 인간도 마찬가지로 황금 인간이란 녀석
도 있고 알루미늄 인간이란 녀석도 있네. 그밖
에도 동銅 인간, 연鉛 인간, 강철 인간 등등 여러
가지가 있지…… 제 각각이 모두 본성·유전
성·훈련·환경이라는 점에서 한계가 있어. 그
리고 이들 각각의 금속으로부터 기관을 만들 수
는 있네. 물론 모두 잘 움직이고 작용하겠지. 그
런데 그렇다고 해서 약한 녀석한테 강한 녀석과
동등의 작용 따위를 기대해선 안 되겠지. 최상
의 결과를 얻어내는 데에는 각각의 케이스에 따
른 교육…… 즉 용융, 정련 등등의 것들인
데…… 그것을 실시하여 그 금속으로부터 방해
가 되는 원광석을 배제하여 버리지 않으면 안
되지.

YOUNG MAN : 이윽고 인간의 이야기로 돌아왔군요?

OLD MAN : 그렇군! 인간은 곧 기계…… 인간도 역시 비인
간적인 기관에 불과하지. 인간이 무어냐 하면

그 됨됨이와 유전성, 서식지, 교제 관계 등등, 그 위에 갖추어지는 외적인 힘의 결과인 거지. 결국 외적인 여러 힘에 의해서 움직여지고, 이끌리고, 그리고 강제적으로 좌우되어지는 거야. 완전하게 말일세. 스스로 창출해 내는 거라곤 아무것도 없네……．

YOUNG MAN : 참으로 놀랐습니다! 그럼 제가 선생님께서 말씀하신 것 모두를 난센스라고 생각한다면 그 생각은 어디서 온 걸까요?

OLD MAN : 그건 아주 당연한 생각이지…… 아니, 그 이외에는 아무것도 아니라고 생각해도 좋을지 모르겠군…… 그런데 자네가 그렇게 생각하는 그 근거가 된 자료 그 자체도 말일세, 결코 자네 자신이 창출한 건 아니지. 요컨대 그것은 수많은 책, 숱한 대화, 그리고 또 수백 년 동안이라는 조상들의 마음과 두뇌로부터 유출하여 자네의 마음과 두뇌에 부어 넣은 사상, 감정의 흐름, 그것들로부터 그저 무의식적으로 모아 담은 사상의 단편斷片, 인상의 단편, 감정의 단편들, 그러한 잡동사니들의 집적에 불과한 것이니까. 자네 개인으로서는 아무런 창조도 하고 있는 게 아니지. 자네의 그 생각을 만들고 있는 재료의…… 그렇지, 눈에 보이지 않을 정도의 파편들마저가 어느 것 하나 자네의 창조물은 아니네. 아니 어디 그뿐이겠는가. 그런 빌려온 재료를 정리했다고 하는 그 조그만 공적마저도 자네 자신의 솜씨는 아니지. 그것들마저도 모두가 다 자동기계의 작용이니까 말야…… 즉 철두철미 기계 구조의 법칙에 따라 자네의 마음이라는 기계가 해 낸 작용에 불과한 거지. 게다가 그 기계 자체도 자네 자신이 만든 게 아닐 뿐만 아니라 그걸 지배하는 힘마저도 자네 자신은 가지고 있지 않는 걸세.

YOUNG MAN : 굉장히 까다롭군요. 그러면 저도 그러한 생각밖에 가지고 있지 않았다는 말씀입니까?

OLD MAN : 그렇지, 게다가 그 생각도 사실은 자네가 만든 건 아니지. 다만 자네의 기계가 만들어 준 데 지나지 않네…… 자동적으로, 순간적으로 말일세. 성찰省察이네, 숙고熟考네 하는 그런 건 아무것도 없지. 그것 또한 필요하지도 않아.

YOUNG MAN : 가령 제가 숙고했다고 한다면?…… 어찌되는 겁니까?

OLD MAN : 그럼 한 가지 실험해 보겠는가?

YOUNG MAN : (15분쯤 생각한 끝에) 생각해 보았습니다.

OLD MAN : 즉 생각을 바꾸려고 해 보았는가? 물론 하나의
실험이겠지만……

YOUNG MAN : 그렇습니다.

OLD MAN : 잘 됐는가?

YOUNG MAN : 아뇨, 마찬가지입니다. 바꿀 수는 없습니다.

OLD MAN : 그건 유감일세. 그런데 그것이 곧 자네의 마음
이 한낱 기계에 지나지 않다는 증걸세. 그것을
자백하는 힘은 자네에겐 없지. 아니 마음이란
녀석은 자신을 좌우하는 힘마저 가지고 있지 않
지.— 다만 외부로부터 작동을 해야만 작용하니
까 말일세. 즉 그것이 마음이라는 것의 구조 법
칙, 바꾸어 말하면 일체가 기계의 법칙이지.

YOUNG MAN : 그럼, 이 자동 기계적 사고란 저 자신으로서도
생각할 수 없는 겁니까?

OLD MAN : 그렇지만 자네 스스로의 힘으로는 안 되지. 가
능한 것은 다만 외적인 힘뿐이라네.

YOUNG MAN : 외적인 힘뿐입니까?

OLD MAN : 그래— 외적인 힘.

YOUNG MAN : 그런 논리는 성립되지 않습니다. 너무나 바보
스런 논리라 어불성설語不成說이라고 할까요…….

OLD MAN : 이것은 또, 어째서 그런 식으로 생각하는 거지?

YOUNG MAN : 생각하는 것뿐이 아닙니다. 분명히 알고 있습
니다. 그럼 예를 들어 이런 경우는 어찌됩니
까?— 즉, 제가 지금 어떤 생각을 하려고 결심
했다고 하고 분명히 현재의 이 생각을 바꾸어
야겠다는 목적에서 사색이며, 독서며, 공부를
한다고 칩시다. 만일 그것이 성공했다면 어찌
됩니까? 이것까지 외적인 충동력의 결과라고
는 말할 수 없겠죠. 모두가 저 자신의 작용—
즉 저 자신이 자발적으로 이 시도를 생각해 낸
거니까요.

OLD MAN : 그런데 말일세. 그게 잘못이란 거야. 조금치도
그렇지가 않으니 말일세. 바로 그건 나하고의
이 대화로부터 생겨난 것에 지나지 않네. 나하
고의 대화가 없었다면 그런 일은 절대로 없었을
테니까 말일세. 인간은 누구나가 창조 같은 건
한 적이 절대 없지. 사유思惟나 충동衝動이나 모두

가 밖으로부터 오는 거니까.

YOUNG MAN : 아주 괴이한 논법이군요. 그렇지만 최초의 인
간이란 어쨌든 무언가 창조의 사유를 가졌을 게
아닙니까? 어느 누구로부터도 생각을 끌어 낼
인간이란 없었을 테니까요.

OLD MAN : 그것이 잘못 생각하는 거네. 아담의 생각은 모
두가 밖에서 온 것이지. 예를 들면 자네 죽음을
두려워할 테지. 그런데 그건 결코 자네가 발명한
건 아닐세 …… 밖으로부터 즉 사람의 이야기나
사람에게서 배워서 아는데 지나지 않네. 아담에
게는 죽음의 공포 같은 건 없었네 — 조금도 없
었지.

YOUNG MAN : 아니, 있었습니다.

OLD MAN : 처음 지음 받을 때 말인가?

YOUNG MAN : 아뇨.

OLD MAN : 그럼 언제란 말인가?

YOUNG MAN : 죽음의 위협을 느낀 때죠.

OLD MAN : 그럼 밖에서 온 게 아닌가. 그거야 아담은 훌륭
한 사나이지. 그러나 신격화를 해서는 안 되지.
밖에서 오지 않는 사고를 가지고 있는 것은 임

금하고 신들뿐이라네. 아마 아담은 좋은 머리
의 소유주였겠지. 그런데 그러한 밖에서 들어온
것으로 가득 차기까지는 아무런 도움도 되지 않
았을 거야. 어떤 사소한 것이라도 머리만으로
발명될 까닭이 없네. 선악의 구별 같은 것도 그
야말로 손톱만큼도 몰랐었네. 모두 밖으로부터
의 관념으로 아는 도리 밖에 없었어. 그도, 이브
도 발가벗고 걸어다니는 것이 좋지 않다는 둥
스스로가 생각했던 것은 결코 아니야. 그 사과
(선악을 아는 나무열매)와 함께 완전히 밖으로부터의
지식이었지. 즉 인간의 머리라는 것은 어느 것
한 가지도 생각해 낼 수 없다는 그런 식으로 생
겨 있는 거예요. 밖으로부터 얻은 재료를 이용
하는 이야기란 요컨대 기계에 불과할 뿐이
고…… 다만 자동기계처럼 운전하는 것만으로
는 의지의 힘으로 움직이거나 하지는 못하네.
스스로 자신을 지배하는 힘 따윈 아예 없고 그
소유주에게도 명령할 힘은 없다네.

YOUNG MAN : 아담의 이야기는 아무래도 상관없죠. 하지만
셰익스피어의 '창조론' 이야기가 되면 이것

은…….

OLD MAN : 가만 있자, 그것은 셰익스피어의 모조라는 거
지. 창조라면 셰익스피어는 아무것도 할 수 없
지. 다만 참으로 정확히 관찰하여 보기 좋게 그
려냈던 것뿐이야. 즉 하나님이 창조한 인간군을
참으로 정확히 찍어냈을 뿐이지 스스로 창출한
인간 따윈 하나도 없어. 그런 일을 하라는 것 따
윈 그를 위해서도 말할 수 없는 일일세. 창조란
셰익스피어로서도 불가능했네. 그도 역시 한낱
기계에 불과하니 기계가 창조 따위를 할 까닭이
만무하지.

YOUNG MAN : 그럼 어디가 훌륭합니까? 그의 경우에……

OLD MAN : 그거야 이렇지. 그는 다만 자네나 나와 같은 단
순한 기계톱은 아니었다네. 말하자면 힘, 암시,
그리고 경험— 그렇지, 독서·관극·출연·빌
려온 사상 등등 모두가 그렇지만 그런 것들이
그의 마음속에 수많은 도안을 그려내고 그것이
힘이 되어 그 경탄할 만큼 복잡한 기계를 작동
하기 시작한 거라네. 그 후에는 다만 자동적으
로지만 오늘도 역시 세계의 경이인 호화찬란한

태피스트리(tapestry)(역주 : 고불랑織과 같은 뜻)를 짜
낸 데 지나지 않지. 가령 셰익스피어가 말일세,
대양 한가운데 있는 절해고도에서라도 태어났
고, 또 거기서 자랐다고 치세. 위대한 그의 지력
도 외부로부터의 재료가 일체 제공되지 않았다
면 무엇 한 가지도 창조해 낼 순 없었을 거 아닌
가. 이렇다 할 외부로부터의 힘— 교육도 훈련
도 자극도 영감도 전연 없었다고 하면, 그리고
또 창조할 필요가 없었다고 한다면 제 아무리
셰익스피어라도 아무것도 만들어 낼 순 없었을
테지. 터키에서라면 무언가 창출해 냈을지도 모
르겠군— 즉 터키에서의 영향, 관계, 훈련의 최
고의 수준이란 경지에서라면 말일세. 그럼 프랑
스였다면 어땠을까? 더 좋은 영향, 교육이 제공
하는 최고의 수준이란 경지에서라면 말일세. 프
랑스였다면 더 좋은 것을 창안했을 것 같군—
프랑스에서의 영향, 교육에 제공하는 최고의 수
준이라는 점에서 말일세. 그런데 그의 경우는
영국이었으니까 그 나라가 가진 이상理想, 영향,
교육을 통해 얻는 외부로부터의 것에 힘입어 생

각할 수 있는 한 최고의 수준에까지 도달할 수 있었지. 자네와 나는 기계톱에 불과한 거야. 기계톱 나름대로 가능한 만큼 창조해 내는 수밖에는 도리가 없지. 물론 노력을 하지 않으면 안 되겠지. 그런데 아무 철 따귀도 모르는 무지한 무리들로부터 고불랑직織(역주 : 벽걸이용의 두꺼운 직물)을 짜내지 않았다고 비난을 받았더라도 그런 일에는 조금도 개의할 필요는 없네.

YOUNG MAN : 우리는 모두가 기계란 말입니까? 어차피 기계에 불과한 자가 그 사업을 자만하거나 그가 한 일을 뽐내거나 하는 것은 우스운 일이고, 더군다나 칭찬을 원하거나 하는 것은 크게 잘못됐다고 말씀하시는데 참으로 심한 독단獨斷이시군요.

OLD MAN : 독단이 아니네. 사실이 그런 걸.

YOUNG MAN : 용기 있는 행위나 겁쟁이의 행위나 가치로 따지면 똑같다는 말씀입니까?

OLD MAN : 인격적인 가치 말인가? 그렇지, 제아무리 용감하다고 하더라도 그 용감함을 그 누구도 만들어 내는 건 아니지. 용기가 있다고 해서 인간으로서의 가치 따위를 주장할 자격은 더더군다나 없지. 태어나면서 그러한 것에 지나지 않으니까 말일세. 억만장자의 자식으로 태어났다고 해서 ― 그것만으로 어떤 인간으로서의 가치가 있는가? 빈털터리 무일푼 아이라고 해도 ― 그것만으로 어디가 인간으로서 부족하단 말인가? 부잣집 자식은 추종자들로부터 사랑을 몽땅 받기도 하고, 추켜올림을 받기도 하고, 엉덩이를 토닥거림 당하기도 할 것이고, 반대로 가난한 집의 자식은 경멸당하거나 무시당하거나 하는 일이 있을지도 모르겠지― 한데 그런 일들은 하나의 난센스가 아니겠는가.

YOUNG MAN : 하지만 마음이 약한 인간이 말입니다. 비겁함을 극복하고자 노력하여…… 성공하는 일도 있겠죠. 이런 경우는 어떻습니까?

OLD MAN : 그것은 그릇된 훈련보다는 올바른 훈련이 좋다는 이야기일 따름이겠지. 올바른 방향으로의 훈련, 교정 그리고 교육이라는 것. 즉 자존심으로써 단련하여 높은 이상으로 나아가는 것은 그거야 한없이 좋은 일이지.

YOUNG MAN : 그것의 가치 말입니다…… 비겁한 자가 타고난
그 성격을 극복하려고 하여 그것을 없앴다고 하
는 인간적 가치는 도대체 어떤 것입니까?

OLD MAN : 아무것도 없지. 세상적인 견해로 말하면 이전보
다도 훌륭한 인간이 되었다고 할 일이지만 그
변화를 달성한 것은 그가 아닌가, 그의 솜씨가
아니지 않는가 말일세.

YOUNG MAN : 그럼 누구지요?

OLD MAN : 그의 성격, 인간성은 외부로부터 작용한 여러
가지 힘인 걸.

YOUNG MAN : 성격, 인간성이라고요?

OLD MAN : 그러니까 우선 그는 완전한 겁쟁이가 아니었지,
그렇지 않으면 어떤 외부로부터의 힘이라도 작
용할 수가 없었을 걸세. 그의 경우 아마 황소는
무섭지만 암소는 무섭지 않았다, 남자는 무섭
지만 여자는 무섭지 않았다는 거기에 작용할
여지가 없었던 것이야. 즉 종자가 있었던 거야.
종자 없인 나무는 자라지 않지. 그럼 그 종자란
것은 그 자신이 만들어낸 걸까? 그렇지 않으면
태어나면서부터 있었던 것일까? 종자가 있었다

는 건 결코 그의 솜씨가 아니네.

YOUNG MAN : 과연 그렇겠군요. 그러나 그렇더라도 그 종자를 길러야겠다고 생각하고, 또 그 결심이라는 것은 그의 솜씨가 아닐까요? 그것은 그가 창출해 낸 거니까요.

OLD MAN : 그런 건 전연 없지. 그 근원은 선이든 악이든 일체의 충동에 유래하는 것, 즉 외부이니까 말일세. 만일 그 겁쟁이라는 것이 토끼 같은 것 속에서만 살고 있어 용감한 인간의 행위에 관한 이야기 같은 건 읽은 적도 없고 들은 적도 없다, 아니 그런 행위를 상찬하거나 또 그것을 한 용사에 대한 선망의 이야기 등은 일체 들은 적도 없다고 가정한다면 어떨까. 용기 같은 건 도무지 알지도 못했을 걸세. 마치 아담에게 비겁 같은 관념이 전연 없었던 것과 마찬가지로 말일세. 따라서 아무리 그르더라도 용감해져야겠다는 결심이 일어나지 않았을 것만은 절대로 확실하네. 그에게는 관념 같은 것을 창조할 능력은 없으니…… 밖으로부터 오는 수밖에 없었겠지. 그런 까닭에 용기가 칭찬을 받고 비겁이 경멸을 받는다는 말을 들었을 때에 비로소 그것에 눈을 떴겠지. 그래서 부끄러웠겠지. 아마 애인이라도 코로 비웃으며 '당신, 겁쟁이군요!' 정도의 말을 했었는지도 모르겠군. 인간이 일변했다고 하는 것은 뭐든 그가 그렇게 했던 건 아니지— 그녀가 그를 위해 해 줬을 뿐이라는 이야기지. 내가 했다고 뽐내며 돌아다닌다면 얼마나 웃음거리겠는가 그의 솜씨가 아니니까 말일세.

YOUNG MAN : 아무튼 종자에 물을 준 다음 길러낸 것은 그가 아닙니까?

OLD MAN : 그렇지 않아. 길러낸 것은 외부로부터의 힘이지. 예를 들면 소집영장을 받은 자가 부들부들 떨면서 전장에 나갔다고 치세. 낮 동안에 다른 군인들과 함께 있지만 캄캄한 밤에는 밖으로부터의 힘에 의지해 있었던 걸세. 친구들의 용기를 보고 거기에서 자신의 용기를 불러일으키는 것이야. 처음에는 무서워서 도망쳐 나가고 싶었겠지. 그런데 그럴 용기도 없었던 거야. 즉 모두 동료 군인들이 보고 있는 가운데서 도망쳐 나가는 것이 무서웠던 거지. 알겠는가? 조금씩 진보를 보이고 있었지. 수치라는 도덕적 공포가 부상을 당한다는 육체적 공포를 짓눌러 버린 거겠지. 전투가 끝날 무렵까지에는 경험이 그에게 가르쳤을 거야. 전장에 나간다고 해서 반드시 모두가 부상을 당하는 건 아니라는 사실을 말일세. 이것이 우선 외부로부터의 큰 힘이었을 테고 또 용사로 칭찬을 받는 것이 얼마나 영광스러운 일인가, 혹은 또 전투로 피로에 지친 연대가 군기를 나부끼며 큰 북소리를 울리면서 군중들의 환호 속을 지나갈 때, 눈물 어린 만세가 일제히 터져 나온다면 이 또한 얼마나 흔쾌한 일이란 말인가 … 분명히 고쳐 생각했을 거네. 그리고 나서부터는 고참병과 마찬가지로 말하자면 안심하고 용감하게 행동할 수 있게 된 걸세. 그렇더라도 그런 일에 인간적 가치라는 것이 조금도 있는 것은 아니지. 모두가 외부로부터 온 것이니까 말일세. 즉 빅토리아 훈장이라는 것이 훨씬 많은 용사를 만들지. 그것에 비하면 말일세.

YOUNG MAN : 그만해 두십시오! 인간으로서 아무런 플러스도

되지 않는다고 한다면야 용기 있는 인간이 된
다는 게 무슨 의미가 있습니까?

OLD MAN : 그 의문에 대한 대답은 이윽고 저절로 나오게
될 것이네. 아직 거기까지 얘기가 진행되지는
않았지만 거기에 바로 인간이 할 수 있는 일에
관한 중대한 문제가 포함되어 있는 것이라네.

YOUNG MAN : 그 문제란 무엇입니까?

OLD MAN : 인간을 어떤 행동으로 몰아가는 충동이라는 것-
즉 인간에게 어떤 일을 시키는 유일무이한 충
동이라는 것이지.

YOUNG MAN : 유일무이하다고요! 그럼 오직 하나밖에 없습니
까?

OLD MAN : 그렇지. 그것이 모두 유일무이한 거지.

YOUNG MAN : 과연…… 상당히 이상한 말씀이시군요. 그럼
그 인간을 행동으로 몰아세우는 유일무이한 충
동이라는 것은 도대체 무엇입니까?

OLD MAN : 자기 마음의 만족을 얻고 싶다고 하는 충동—
자기 자신의 마음의 만족감을 얻는, 말하자면
그 재가를 얻지 않으면 안 된다는 필요성이지.

YOUNG MAN : 무슨 말씀이세요. 그런 건 안 됩니다!

OLD MAN : 왜 그런가?

YOUNG MAN : 그렇다면 인간이 끊임없이 추구하는 것은 다만 자신을 위해서 뿐, 자신의 즐거움뿐이라는 결과가 될 테니까요. 그런데 말입니다. 멸사滅私 인간이라는 것은 종종 자신에게는 분명히 불리함을 알면서도 완전히 남을 위해 어떤 행동을 하는 수가 있죠.

OLD MAN : 그게 잘못이지. 행동이란 것은 무엇보다도 우선 자신을 위해서가 아니면 안 되지. 그렇지 않으면 절대로 하지 않지. 정말 그거야 하나에나 둘에나 남을 위해서 일하고 있다는 생각으로 있는 일은 있을지도 모르네. 하지만 사실은 그렇지가 않네. 우선 자신을 만족시키는 걸세. 남을 위해서란 언제나 그 다음이지.

YOUNG MAN : 아주 이상한 말씀을 하시는군요! 그럼 자기 희생이란 것은 어찌되는 겁니까? 그 점에 관해 대답해 주셨으면 합니다.

OLD MAN : 자기희생이란 도대체 무언가?

YOUNG MAN : 자신에게는 조금도 이익이 없는데 순전히 남을 위해 일하는 것이죠.

2.

인간 유일의 충동

- 스스로의 재가를 구할 것 -

OLD MAN : 실제로 그런 예가 있을까?

YOUNG MAN : 예라고요? 발에 걸릴 만큼 많이 있지요.

OLD MAN : 설마 이렇게 결론으로 들어가는 건 아니겠지?
그것들을 잘 검토해 보았는가?…… 비판적으로
말일세.

YOUNG MAN : 그럴 필요 없습니다. 행동 자체가 그 배후에 있
는 훌륭한 충동을 증명하고 있으니까요.

OLD MAN : 예를 든다면?

YOUNG MAN : 좋아요. 그럼 이 책에 나오는 그 사나이의 경우

를 말씀드리죠. 이 사나이는 3마일쯤 떨어진 산 저쪽에 살고 있습니다. 지독한 한파와 큰 눈, 세상이 다 얼어붙을 듯한 추위, 게다가 한밤중의 일이었습니다. 마침 역마차에 오르려 하는데 갑자기 누더기 옷을 걸친 백발 할머니 한 분이 나타났습니다. 뭐라고 표현할 수 없을 만큼 초라한 몰골이었습니다. 삐쩍 마른 손을 내밀며 "배고파 죽을 지경입니다. 제발 좀 도와주십시오"라고 동정을 구했습니다. 사나이는 마차 삯 25센트 화폐 한 장밖에 가진 것이 없었습니다. 그러나 그는 아무 망설임도 없이 그것을 그 할머니에게 주어 버리고 자신은 터벅터벅 눈보라 속을 걸어갔다는 이야깁니다. 어떻습니까…… 훌륭하죠? 아름다운 일이죠? 이 친절에는 그야말로 한 점의 욕심도 없으니까요.

OLD MAN : 어째서 그렇게 생각하지?

YOUNG MAN : 달리 어떤 사고방식이 있겠습니까? 무언가 또 다른 사고방식이라도 있다는 말씀이신가요?

OLD MAN : 여보게, 자네 자신이 한번 그 사나이가 되어 보게. 그리고 그때 어떻게 느꼈었는지, 생각을 말해 보겠는가?

YOUNG MAN : 간단하죠. 곤경에 시달리는 노파의 모습을 보
니 인자한 그의 마음이 견딜 수 없을 만큼 고통
을 느꼈다고 하겠죠. 차마 그냥 보고 있을 수가
없었겠죠. 자신이 눈보라 속을 3마일쯤 걸어서
돌아가는 것은 그래도 참아낼 수 있죠. 그런데
만일 그 불쌍한 노파를 보고도 그대로 지나쳐
버려 길에서 죽게 하기라도 한다면 … 양심에
느껴야 할 그 고뇌를 생각하면 도저히 견딜 수
없었을 테죠. 그 일을 생각하면 밤에 잠을 이룰
수조차 없었을 것입니다.

OLD MAN : 그럼 돌아가는 길에 그 사나이의 심경은 어떠했
을 것 같은가?

YOUNG MAN : 그렇습니다. 자기희생만이 맛보는 일종의 희열
감이라고나 할까요. 그의 마음은 기쁨에 콧노
래를 부르며 눈보라 같은 건 아랑곳 않고 가벼
운 발걸음으로 돌아갔을 겁니다.

OLD MAN : 좋은 기분이었을 것이라는 말인가?

YOUNG MAN : 물론 그렇습죠.

OLD MAN : 옳은 말일세. 그런데…… 그래서 말이지만 그

러한 상황을 열거해 본 다음에 말일세, 도대체 그 사나이가 25센트의 대가로 얻은 것은 과연 무엇이었지? 말하자면 그는 투자를 한 것인데 그 진짜 이유라는 것부터 우선 생각해 보세. 우선 일세, 고뇌에 일그러진 노파의 얼굴로부터 받는 고통이라는 것이 그로서는 더 이상 참을 수 없었다는 말이 아닌가. 즉 그…… 아니 그 착한 사람은 그 자신의 고통을 생각했겠지. 뭔가 그 통증을 잡아 줄 약을 사지 않으면 안 되었네. 만일에 그 노파를 돕지 않으면 그의 양심은 이윽고 집으로 돌아가기까지 그를 괴롭혔을 것이네. 여기서도 또 그 자신의 고통을 생각하고 있네. 싫더라도 그에 대한 일시적인 위안책을 구하지 않으면 안 되었네. 만일 노파를 돕지 않으면 잠을 못 잤을는지도 모르네. 어떻게든 잠은 자야 했겠지, 어떤가? 여기서도 아직 자기 자신의 일을 생각하고 있네. 요컨대, 그렇게 한 까닭이 말일세, 그는 가슴을 도려내는 아픔으로부터의 해방을 샀을 따름이라는 얘기지. 말을 바꾼다면 양심이라는 것이 준비하고 기다리고 있어, 부딪치는 그 가책으로부터 자유 즉 하룻밤의 수면 말일세. 그걸 샀을 뿐이라는 얘기네. 더구나 단 25센트로 말일세! 이 정도라면 뭐 월가(뉴욕市 금융시장의 중심지)가 무색할 정도가 아닌가. 돌아가는 발걸음은 가벼웠고 기분 또한 좋았을 테지. 노래라도 불렀을 거고, 이런 값싼 거지 동냥은 없으니까! 결국 그에게 그 노파를 살려 줘야 한다는 충동을 일게 한 것은…… 첫째로는, 먼저 자기 자신의 마음의 만족, 그 다음에 노파의 어려움을 도와주자고 한 것에 지나지 않지. 도대체 자네는 어떤 식으로 생각하는가? 인간의 행동이라는 것에는 대체로 단 한 가지 불변 부동의 중심적 충동이라는 것이 있어서, 모든 것은 그것으로부터 출발한다 라고 생각하는가, 그렇지 않으면 다종 다양한 복수複數의 충동 군群으로부터 생겨나는 것이라고 생각하는가?

YOUNG MAN : 물론, 여러 가지 충동. 그 중에는 고결하고 훌륭한 충동도 있으며 또 그렇지 않은 것도 있습니다만…… 아무튼 그러한 복수의 충동 군으로부터겠죠. 그런데 선생님의 생각은?

OLD MAN : 법칙이라는 것은 오직 하나, 근원도 역시 하나
라는 말이군.

YOUNG MAN : 고결하기 짝이 없는 충동도, 저속하기 짝이 없
는 충동도 모두 근원은 하나라는 말씀입니까?

OLD MAN : 암.

YOUNG MAN : 그 법칙을 말씀해 주시지 않겠습니까?

OLD MAN : 좋지, 이게 그 법칙이니까, 잘 기억해 두게나.
결국 요람으로부터 묘지까지 인간이란 각자의
행동이라는 것은 시종일관, 절대로 이 유일한
최대의 동기. 곧 먼저 자기 자신의 안심감과 마
음의 안위를 구하는 것 이외에 아무것도 있을
수 없다는 말일세.

YOUNG MAN : 참 놀랐습니다! 그렇다면 인간은 물심양면으로
남을 위해 무언가 한다는 것은 절대로 있을 수
없다는 말씀입니까?

OLD MAN : 절대로 없지. 다만 그것이 무엇보다도 먼저 자
기 자신의 정신적 위안이 된다는, 절대 분명한
조건이라도 있으면 별문제지만. 그렇지 않다면
절대로 하지 않지.

YOUNG MAN : 하지만 그런 주장이 얼마나 잘못된 것인가, 그
걸 지적한다는 건 극히 간단하죠.

OLD MAN : 예를 든다면?

YOUNG MAN : 예를 들면 애국심이라고 하는 고결한 감정, 이
것 한 가지만 보더라도 알 수 있죠. 평화를 사
랑하고 고통을 두려워하는 인간이 말입니다.
즐거운 우리 집, 눈물을 흘리는 가족들을 돌아
보지 않고 용감하게 굶주림, 추위, 부상, 그리
고 죽음으로 향하여 나가죠. 이것이 마음의 위
안을 찾는 행동입니까?

OLD MAN : 그 역시 평화를 사랑하고 고통을 무서워한다는
말이 아닌가?

YOUNG MAN : 물론이죠.

OLD MAN : 그것은 평화 이상으로 무언가 사랑하는 것이 있
다는 말이군 그래. 예를 들면 이웃 사람들이나
사회로부터 좋게 생각된다든가, 그렇지 않으면
또 고통 이상으로 무언가 무서운 것이 있다던
가. 이를테면 이웃 사람들이나 사회로부터 차가
운 눈으로 응시를 받는다든가 하는 것이지. 하
긴 만일 그 사나이가 수치심이라는 것에 민감하

다면 이것은 전장에 나갈 테지. 거기에서 뭐 완전히 마음에 위로를 받는 건 아니겠지만 만일 그대로 집에 남아 있었을 경우를 생각하면 그보다는 오히려 전장에 나가는 편이 어떤 의미에서는 마음이 편할는지도 모르니까 말일세. 아무튼 그가 하는 말은 말일세. 가장 많은 마음의 평안을 얻을 수 있는 행위로 결정되는 법이지. 그것이 곧 그에게 있어서의 삶의 유일한 원칙이니까. 가장 많은 마음의 평안을 얻을 수 있는 행위로 결정되는 법이지. 흐느껴 우는 가족들을 뿌리치고 떠나간다. 그들을 슬프게 하는 것은 나쁜 생각임에는 틀림없네. 그러나 그렇다고 해서 그들의 행복을 상처 입히지 않기 위해서는 자기 자신의 마음의 평안 따위를 희생한다하더라도 상관없다고 할 만큼 슬프지 않네.

YOUNG MAN : 그럼 선생님은 진짜로 그런 걸 믿고 계십니까? 즉 단순한 세간의 생각이라는 것이 겁쟁이이고 평화를 좋아하는 인간으로까지 몰아세워서…….

OLD MAN : 전장으로 나가게 하는 것인가를 묻고 싶겠지? 그렇지, 여론이란 녀석은 이따금 인간으로 하여

금 어떤 일이건 하도록 만든다네.

YOUNG MAN : 어떤 일이건…… 이라고요?

OLD MAN : 어떤 일이라도.

YOUNG MAN : 믿겨지지 않는군요. 정의의 선비가 악을 범하
는 일도 있을 수 있단 말씀입니까?

OLD MAN : 그렇고말고.

YOUNG MAN : 인정 어린 마음의 소유자가 잔인한 짓을 저지
르는 수도 있나요?

OLD MAN : 있고말고.

YOUNG MAN : 예를 든다면요?

OLD MAN : 알렉산더 해밀턴(1757~1804년. 미국의 정치가. 건국 초
기의 큰 인물로서 중앙집권주의의 강력한 지지자. 최후는 정적
과 결투하다 죽었다.)은 남달리 청렴결백한 인물이었
지. 그는 결투를 죄악으로 보고 있었네. 하나님
의 가르침에 반하는 것이라고 하여 반대했었네.
그런데 그런 그가 여론에 따르기 위해서는 결투
를 벌여야만 했었네. 이 얼마나 아이러니컬한
일인가. 가족들을 무척 사랑했었는데 여론을 자
기편으로 만들기 위해 그 신조를 굽혀 가족을
버리고, 그의 생명까지도 내던져 버렸으니. 가
엾게도 가족들은 인생을 슬픔 속에 잠겨 지내야

만 했지. 무엇 때문엔가, 세상이라는 어리석은
자에게 잘 보이고 싶다는 그 이유뿐이었지. 당
시 사회의 명예감이라고나 할까, 그 기준에서
보면 결투를 거절했다고 하면 도무지 행세할 수
가 없었을 테니까. 마음 놓고 잠을 이룰 수가 없
었을 걸세. 종교의 가르침도, 가족애도, 그리고
또 마음의 다정함도, 높은 신조도 한번 그것이
마음의 평안이라는 것과 배치하면 이미 아무런
도움이 되지 않았었던가 보지. 마음의 평안을
단단히 붙들기 위해서는 인간은 어떤 일이라도
해야 하네. 반대로 또 그렇지 않은 목적을 위해
서라면 누가 뭐래도 어느 것 하나도 해 낼 수는
없겠지. 해밀턴의 행동만 하더라도 말일세. 그
것은 다만 자신의 마음의 만족을 얻고자 하는,
말하자면 타고난 필연성에서 했던 짓에 지나지
않지. 그런 점에서 보면 그의 행동도 모두가 그
러했을 것이며, 아니, 모든 인간들의 행동이 전
부 그런 것이지. 어떤가? 문제의 핵심이라는 것
을 알았을 테지? 스스로가 먼저 좋다고 하지 않
으면 인간은 도저히 마음의 평안은 얻지 못하는

법이지. 그러니까 어떤 희생이나 대가를 치르고
라도 우선 가능한 한 자기 자신의 만족을 얻으
려고 하는 거겠지.

YOUNG MAN : 하지만 선생님은 방금 해밀턴이 사회로부터 좋
다는 소리를 듣기 위해 결투했다고 그렇게 말씀
하셨지 않습니까?

OLD MAN : 그랬지. 그거야 결투를 거부함으로써 가족들의
찬성을 얻을 수 있었을 테고, 또 그 자신의 인
기도 크게 얻을 수 있었을는지 모르지. 그러나
그에게 있어선 사회적 안정이라는 것이 현재 혹
은 내세까지도 포함해서 모든 다른 안정의 총화
보다도 더 중요하다고 생각했던 것 같네. 따라
서 그것을 확실히 하는 것이 그에게 있어서는
최대의 마음의 평안, 최고의 자기 인정이 되었
던 거겠지. 따라서 그걸 얻기 위해서는 다른 모
든 가치를 희생했던 거지.

YOUNG MAN : 하지만 세상에는 결투를 거절하여 세상으로부
터의 경멸에 대해서도 감연히 대항해 싸운 훌
륭한 인간도 있었겠지요?

OLD MAN : 그것이 곧 그 인간의 됨됨이라는 거지. 그러한

인간도 역시 그 나름대로의 주의 주장을 관철했던 거겠지. 즉 가족들의 찬성이라는 것을 사회적 인정 이상으로 평가했다는 데 지나지 않네. 요컨대 그들로서 최상이라고 믿는 것을 채택하고 그 밖의 것은 모두 버리고 돌아보지 않았다는 것뿐이지. 그 인간으로서는 최대의 만족, 최대의 승인이 얻어질 것이라고 믿는 행동을 선택했을 뿐이라는 이야기인데, 인간이란 언제나 그러한 걸세. 제 아무리 여론이라고 하더라도 지금 말한 바와 같은, 인간을 전장에 나아가게 하는 것은 가능하네. 만일 간다고 하면 그것은 또 다른 이유, 즉 무언가 또 다른 마음의 만족을 제공해 주는 이유가 있었다는 것이지.

YOUNG MAN : 항상 이유는 마음에 만족을 제공해 주는 것이란 말입니까?

OLD MAN : 그밖에 다른 이유는 없지.

YOUNG MAN : 예를 들어 어떤 사람이 자기 한 몸을 희생하여 불타는 건물 속으로 뛰어 들어가 아이를 구해 냈다고 하면 이런 건 어떻습니까?

OLD MAN : 만일 그런 일을 한다고 하면 그것이 즉 그 사나

이의 성격이 가지고 있는 원칙이었다고 보아야
겠지. 그는 위난 속에 처해 있는 아이를 물끄러
미 바라보고 있을 수만은 없었겠지. 그래서 아
이를 구해 내려다가 목숨을 잃은 거겠지. 다른
성격의 사나이라면 천연덕스럽게 보고 지나쳤
을 거네. 그런데 결국 그 사나이로서 보면 정확
히 그 목적 즉 그 자신에 의한 시인이란 것을
얻은 거네 그려.

YOUNG MAN : 선생님은 사랑·증오·자비·복수·친절·용
서 같은 것을 어떻게 보십니까?

OLD MAN : 하나의 '주요 충동主要衝動—즉 자기 자신의 자기
시인을 얻지 않으면 안 된다고 하는 주요 충동
의 다만 다른 결과뿐이라는데 지나지 않네. 인
간은 입는 것도 각각 다르고, 이끌리기 쉬운 기
분도 사람에 따라 각기 다르네. 한데 인간이 제
아무리 가장해 본댔자 본질은 모두 같은 인간
인걸 뭐. 바꾸어 말하면 인간을 움직이는 강제
력이라는 것은 단 한 가지– 무엇보다도 먼저 자
기 자신의 마음의 만족을 얻지 않으면 안 된다
고 하는 그것 뿐. 그것이 없어진다면 인간이 죽

는 때지.

YOUNG MAN : 엉터리 같은 이야기 아닙니까? 사랑이란……

OLD MAN : 사랑이라고 해봤자 원래는 역시 같은 충동, 같은 법칙, 다만 그것이 가장 타협이 없는 형태로 나타난 데 지나지 않네. 즉 그를 위해서는 생명이고, 무엇이고 던진다는 것뿐이므로 그를 위해서 한 건 아니네. 요컨대 법칙 자신을 위해서이지. 대상이 행복하게 되면 자신도 행복하게 된다─ 게다가 자신도 모르고 하는 거니까 말일세.

YOUNG MAN : 모성애 같은 숭고한 감정도 예외는 아니라는 말씀이시군요?

OLD MAN : 옳은 말이네. 다만 그런 경우는 그 법칙의 절대적 노예라고 말할 수 있겠지. 아이들에게 입히기 위해서는 벗는 수도 있을 거고, 먹이기 위해서는 자신은 굶기도 하지. 또 자식을 고통으로부터 구하기 위해서는 달갑게 고문을 받기도 하고, 생명을 살리기 위해서는 자신이 죽는 수도 있네. 그러한 자기희생을 함으로써 어머니라는 자는 사는 즐거움을 느낀다고나 할까. 즉 자기

시인이라고 하고, 자기만족이라고 하고, 그밖에
마음의 평안, 기쁨이라고 하는 그 보수를 위해
하고 있는데 불과하니까. 만일 그러한 똑같은
보수가 얻어진다면 말일세, 그녀는 자네의 아이
들을 위해서도 똑같은 일을 할 걸세.

YOUNG MAN : 선생님의 말씀은 악마의 철학이군요.

OLD MAN : 철학은 아니지, 사실이지.

YOUNG MAN : 하지만 선생님도 물론, 이러한 것은 인정하시
겠죠? 즉 인간의 행위 가운데는……

OLD MAN : 행위라는 모든 행위로 말미암아 오는 동기라는
것은 단 한 가지, 크고 작은 것이나 아름답고
미운 것이나 그런 것은 일체 관계없지— 요컨대
행위자 자신의 마음을 진정시킨다, 만족시켜 준
다 하는, 그런 걸 위해서 필요한 것, 단지 그것
뿐이지.

YOUNG MAN : 사회의 이른바 자선가들이라는 자들은……

OLD MAN : 그거야 존경은 합니다. 모자를 벗어 경의를 표
해야지. 다만 습관과 교육의 결과 뿐으로지. 그
런데 사실은 이 무리들도 말일세, 불행한 사람
들을 위해 일하거나 돈을 사용하거나 하지 않으

면 아무래도 그들 자신의 행복, 평안, 그리고 자기 안정 같은 걸 얻을 수 없다는 거야. 남의 행복을 보면 자신도 행복해진다. 그러니까 돈이나 노력까지도 지불하여 자기들의 목적, 즉 행복, 자기 안정을 사고 있는 거겠지. 그럼 노랭이는 왜 그걸 하지 않는가? 결국 그들의 경우는 그런 것을 하지 않음으로써 오히려 백 배, 천 배의 행복을 얻으려니까 그러는 거고 다만 그것뿐이네. 그들은 그들로서, 그 성격 나름의 법칙에 따라 행동하는 것뿐인 거야.

YOUNG MAN : 의무를 위한 의무라는 문제는 어떻게 생각하십니까?

OLD MAN : 그런 건 전연 존재하지가 않아. 의무라는 건, 무어든 의무니까 한다는 건 아니지. 그걸 게을리 하는 것이 그 인간을 불안하게 만들기 때문에 하고 있는데 불과하네. 인간이 해야 할 의무란 건 한 가지 뿐― 자기 마음의 만족을 찾는다는 것, 그리고 스스로도 좋은 기분이 된다고 하는, 다만 그것뿐인 거야. 만일 이웃 사람을 도와줌으로써 이 유일 무이한 의무가 완전히 끝난다고 한다면 그런 것도 가능하겠지. 그런데 동시에 또 이웃 사람을 속임으로써 의무가 완전히 끝난다고 한다면 그것도 하지. 언제나 요구되는 것은 무엇이건 '주요 동기' 이것이 첫째이지. 남에 대한 인상, 효과 같은 것은 제이의第二義의 문제에 불과하네. 물론 인간은 자기희생이라는 둥 말을 하지. 하지만 그 말을 보통 의미로 하면 그런 것은 존재하지도 않으며 이전에 존재한 적도 없지. 허긴 인간이란 작자는 스스로는 자기희생을 하고 있다, 순수하게 진심으로 남을 위해 봉사하고 있다는 둥, 때로는 정직하게 생각하는 수도 있네. 그런데 물론 그런 것은 모두 거짓이지. 근원적인 충동이라는 것은 어디까지나 그 본성과 예의범절이 요구하는 것을 충족해 주는 데 지나지 않지. 그런 식으로 생각하여 나와 내 영혼의 평안을 얻고 있을 따름이지.

YOUNG MAN : 즉 모든 인간이란 선인이건 악인이건 종국적으로는 양심의 만족을 얻기 위해서 필사적으로 노력하고 있는 데 지나지 않다는 그런 말씀입니까?

OLD MAN : 뭐 그렇게 부르면 아주 괜찮겠지. 양심 — 그것 만이 말하자면 독립의 군주君主 — 인간의 내부에 있는 올연兀然한 절대 군주로서 그것이 그대로 그 인간의 주인인 거야. 허기야 인간들에게도 여러 종류가 있으므로 양심에도 여러 가지가 있겠지. 어떤 경우는 암살자의 양심이 만족을 느끼는 경 우도 있을 것이고, 또 때로는 자선가의 양심, 노 랭이의 양심, 그리고 또 강도의 양심이 만족을 느끼게 되는 경우도 있네. 교육이라는 것을 다 른 각도에서 말한다면 인간의 양심이 무언가 권 위를 가지고 명령한 도덕이나 행위에 대해 그 지 침 내지 동기로서 도움이 된다는 그러한 생각은 큰 거짓말이지. 내가 알고 있는 사람 가운데 양 심적인 인물인 켄터키 인이 있네. 그런데 이 사 나이가 어떤 사나이를 죽여 없애 버렸다는 것 때 문에 어딘가 자기 만족감을 얻을 수 없었지. 더 정확히 말하면 그 양심이 안정되지가 않았었지. 게다가 그 어떤 사나이란 전연 얼굴도 모르는 사 이었다네. 다만 그 사나이가 언젠가 이 켄터키 인 친구를 결투로 죽였었다는 사실만으로 그랬

던 거지. 그런데 이 사나이의 켄터키 식 교육이
라는 것은 어떻게든 이 사나이를 죽여 친구의 복
수를 해 주어야만 한다는 의무를 짊어지고 있었
던 것이네. 그런데 그는 그 의무를 수행하지 않
았지. 말하자면 도망치기라도 하고, 속이기도
하면서 질질 끌어온 거라네. 그 바람에 그의 가
차 없는 양심은 끊임없이 그를 책망하고 있었다
네. 그래서 결국은 그 양심을 달래주고 위로하
여 스스로의 안정을 얻기 위해 이윽고는 그 사나
이를 찾아내 죽여버렸다네. 세상의 일반적인 정
의로 말하면 이것은 굉장한 자기희생이지. 하지
만 생각해 보게. 그는 그런 짓을 조금도 하고 싶
지가 않았었네. 만일 더 작은 값을 지불하여 마
음의 만족, 마음의 평안을 얻을 수 있는 것이라
면 아마 절대로 그런 짓은 하지 않았을 테니까
말일세. 그런데 인간이란 그런 식으로 되어 있
는 걸세. 마음의 만족을 사기 위해서는 어떤 일
이건 한다. 곧 남의 생명을 빼앗는 일이라도 서
슴지 않는다는 식으로 말일세.

YOUNG MAN : 앞서 선생님은 "교육받은 양심"이라는 말씀을

하셨지요. 그럼 우리 인간이란 바른 지도 능력
을 가진 양심 같은 것을 특별히 천성적으로 갖
추고 태어난 것 아니라는 말씀이시군요?

OLD MAN : 그렇지. 만일 그렇다고 하면 아이들이나 원시인
들은 처음부터 선악의 분별을 할 수 있겠네 그
려. 배울 필요도 없을 테니 말일세.

YOUNG MAN : 그런데 양심의 교육이란, 도대체 가능한 겁니
까?

OLD MAN : 가능하다마다.

YOUNG MAN : 물론 그 교육자란 부모·교사·목사 그리고 책
등이겠군요?

OLD MAN : 그렇지. 모두 제 각기 응분의 교육을 하고 있는
거지. 모두 가능한 한의 일을 하고 있네.

YOUNG MAN : 그 외에는……?

OLD MAN : 그 누구도 알아차리지 못하지만 선악이 다 무수
한 영향력이라는 것이 있지. 요람에서 무덤까
지, 살아서 눈을 뜨고 있는 한은 일순간도 쉬지
않고 그런 것들의 힘이 작용하고 있네.

YOUNG MAN : 그럼 그것들을 하나의 표로 만들어 보여 주실
순 없으실까요?

OLD MAN : 그러지. 대충 말일세.

YOUNG MAN : 그 결과를 한번 읽어 주시겠습니까?

OLD MAN : 그럴까. 아무래도 좀 기다려야겠는데…… 그러
려면 적어도 한 시간은 걸릴 테니까.

YOUNG MAN : 양심이란 악을 피하고 선을 선택하도록 훈련이
가능한 겁니까?

OLD MAN : 가능하지.

YOUNG MAN : 그런데도 그 양심이란 것이 선을 선택하는 것
은 다만 마음을 만족시키기 위한 것뿐이라고 말
씀하십니까?

OLD MAN : 그렇지. 무언가 그 이외의 이유로 어떤 일을 하
라는 식으로 교육하는 것은 불가능하네. 절대로
안 되지.

YOUNG MAN : 하지만 인간의 역사라는 것 가운데는 완전한
자기희생을 했다고 할 행위의 이야기가 어딘가
에 꼭 기록되어 있는 겁니다.

OLD MAN : 자넨 아직 젊네. 앞날이 청춘이야. 하나 찾아보
겠나?

YOUNG MAN : 하지만 이런 생각도 드는군요. 예를 들면 어떤
사나이가 물속에 빠져 허우적거리고 있는 것과

같은 한 인간을 보았다고 하면 자기 생명의 위험도 돌아보지 않고 뛰어들어 그 사나이를 구한다는……

OLD MAN : 잠깐 기다리게. 그 사나이란 어떤 사나이인가? 또 그 물에 빠진 인간이란 어떤 인간인가? 또 마침 그때 그 광경을 본 인간이 있었던가? 그렇지 않으면 그이 혼자뿐이었던가? 그것도 말해 보게나.

YOUNG MAN : 그런 것이 훌륭한 행위와 어떤 관계가 있습니까?

OLD MAN : 중요하지. 예를 들자면 그 두 사람이 한밤중에, 그들밖에는 아무도 없는 장소에 있었다고 한다면.

YOUNG MAN : 어쩌면 그도 그렇겠군요.

OLD MAN : 게다가 그 위에 물에 빠진 인간이 그 사나이의 딸이었다고 한다면……

YOUNG MAN : 그건 다르죠— 더 다른 인간으로 해 주십시오.

OLD MAN : 그럼 허름한 차림의 술에 취한 사나이였다고 해 둘까.

YOUNG MAN : 그렇군요. 확실히 조건 여하에 따라 사정은 달

라지니까요. 그렇습니다. 보고 있는 사람이 아
무도 없어서 살아날 수가 없을는지도 모르겠
죠.

OLD MAN : 그런데 또 그렇더라도 하려고 하는 인간도 더러
는 있는 법이지. 예를 들면 아이를 불 속에서 구
해 내려다 생명을 잃은 사람, 한 푼도 없는 할머
니에게 마지막 남은 25센트를 털어 주어 버리고
자기는 폭풍 설한 속을 걸어서 집까지 돌아간
사나이, 그런 인간들도 때로는 있는 법이니까.
왜 그럴까? 결국은 같은 인간이 물에 빠져 있
다, 더군다나 그것을 보고 살려 두려고 뛰어들
지 않고는 배길 수가 없었다는 것이지. 그것은
그들에게 있어서는 고통이지. 그 때문에 그 인
간을 구해 주려고 한 거지. 그렇게 하는 수밖에
없었던 거야. 결국 아까부터 내가 말하고 있는
법칙에 근사하게 따랐다는 결과일세 그려. 어떤
일에 견딜 수 없는 인간과 그것을 견딜 수 있는
인간과를 분명히 구별해서 생각하지 않으면 곤
란하지. 언뜻 보아 '자기희생'이라고 볼 수 있는
몇 가지 사례에 관해 분명히 진실을 밝혀 주어

야 할 테니까 말일세.

YOUNG MAN : 이 무슨 지독한 논법인가요?

OLD MAN : 옳은 말일세.

YOUNG MAN : 이런 경우는 어떻습니까? 어머니를 만족시키기 위해하고 싶지도 않은 일까지 하는 선량한 효자의 경우 등은요?

OLD MAN : 그러한 행위의 10분의 7까지는 어머니를 만족시켜 주는 것이 그대로 그 자신을 만족시키고 있는 것에 지나지 않네. 그것들로부터 오는 이익의 대부분을 시험적으로 반대 방향으로 뒤집어 보게나. 제아무리 좋은 자식이라도 절대로 그런 행위는 하지 않을 걸세. 철칙에 대해서는 따르는 수밖에 도리가 없지. 거기에서 어그러진 것 같은 건 있을 턱이 없네.

YOUNG MAN : 예를 들어 이런 불량소년의 경우는…… ?

OLD MAN : 그런 얘기는 할 필요가 없지. 시간 낭비야. 불량소년의 경우 등은 문제가 아니네. 어떤 행위이건 그것은 그 나름대로 마음을 만족시켜 주는 이유는 있을 걸세. 안 된다면 그런 일을 할 리가 없네. 자네의 생각은 잘못일세.

YOUNG MAN : 아무래도 지독한 말투시군요. 헌데 아까 선생
님은 양심이란 것은 타고난 도덕이나 행위의 판
정자는 아니다, 그것은 교육되고 훈련되어야 한
다고 말씀하셨지 않습니까? 그런데 저는 과연
양심이라는 것이 잠을 자거나 게으름을 피우거
나 하는 일이 있다고 생각합니다. 하지만 그것이
그릇된 생각이라고는 느끼지 않습니다. 그러니
까 그것을 일깨워 주기만 한다면…….

어떤 작은 에피소드

OLD MAN : 내가 짤막한 애기 한 토막을 해 드리지.
옛날 먼 옛날에 한 무신론자(인피델)가 어느 기독
교 신자인 미망인의 집에 손님으로 갔다네. 때
마침 그 집의 아들이 병이 들어 사망 직전에 처
해 있었다네, 무신론자는 가끔 그 환자의 베갯
맡으로 다가가서는 여러 가지 애기를 해서 아이
를 즐겁게 해 주었다네. 결국 그런 기회를 이용
하여 그 자신의 강한 성품이라고 할까, 남에게
도 자기와 같은 사상을 심어 줌으로써 그런 사

람들의 상태를 조금이나마 좋게 해 주려고 하
는, 말하자면 우리 인간들 모두가 가지고 있는
욕구인데 그것을 충족시키려고 했던 것이네.
확실히 성공했었네. 그런데 어찌된 일일까, 죽
음에 임하여 그 소년은 오히려 그를 나무라면서
이렇게 말했었다고 하더군.
'나에게는 신앙이 있습니다. 그리고 그로 말미
암아 행복합니다. 그런데 선생님은 저의 신앙
을 빼앗고, 이어서 저의 마음의 평안까지 빼앗
아 가버렸습니다. 지금 저에게는 아무것도 남
아 있지 않습니다. 비참한 인간으로서 죽어 갑
니다. 왜냐고요, 선생님이 저에게 얘기해 준 것
은 제가 알아버린 것들을 대신해 주지 못하기
때문에.'
그리고 어머니도 또 그 무신론자에게 다가가서
이렇게 말했었다고 하더군.
'가엾게도 저 아이는 영원한 지옥으로 떨어져
버렸습니다. 내 가슴은 찢어질 것만 같고 슬픔
으로 가득 차 있답니다. 용케도 이렇게 잔인한
일이 성취됐었군요. 우리들은 선생님에게 아무

런 나쁜 짓을 한 기억이 없습니다. 다만 친절을
다해 드린 것뿐입니다만, 선생님을 위해 이 집
을 개방하고 여기에 있는 모든 것들을 선생님을
위해 사용하게 해 드렸습니다. 그런데도 이것
이 그 대가입니까?'
이 말에는 그 유명한 무신론자도 자신의 소행에
대한 후회로 가득 차 있었네. 그래서 이렇게 대
답했었다고 하네.
'확실히 내가 잘못했습니다. 이제야 비로소 깨
달았습니다. 그런데 사실은 내 생각으로는 단
순히 저 아이의 생각은 잘못돼 있구나. 그러니
까 진실을 가르쳐 주는 것이 나의 의무라고 그
렇게 생각했던 것입니다.'
그러자 또 어머니가 이렇게 말했다네.
'저도 역시 그 아이에게 가르쳐 왔습니다. 짧은
인생이지만 나 자신이 진실이라고 믿는 것을 끊
임없이 저 애에게도 가르쳐 주었습니다. 그리
고 그렇게 믿음으로써 우리들은 둘이 모두 행복
했습니다. 그런데 이제 저 애는 죽어 지옥으로
떨어져 버렸습니다. 나는 불행한 여잡니다. 우

리의 신앙은 이미 몇 백 년 전의 옛날부터 신앙
이 돈독한 선조들에 의해 나에게까지 전해져 온
것이랍니다. 선생님에게 건, 또 다른 누구에게
건 그것을 방해할 어떤 권리가 있다는 말씀입니
까? 인간으로서의 선생님의 명예, 선생님의 치
욕, 도대체 그것은 어찌된 거죠?'

YOUNG MAN : 아니, 그런 천벌을 받을 인간이…… 때려 죽여
도 시원치 않겠는데요!

OLD MAN : 이 사람아, 그 자신도 그렇게 생각했었지. 그래
서 이렇게 말했다네.

YOUNG MAN : 알았습니다. 결국 양심이 눈을 떴군요!

OLD MAN : 그렇다고 해야겠지. 그의 자기 부인이라는 것이
말일세. 어머니의 슬퍼하는 광경을 보고 그의
마음은 아팠던 거지. 스스로도 고통이 느껴지
는 짓을 해버렸다는 사실을 알고 나빴다고 생
각했었지. 어린아이에게 종교를 버릴 것을 역
설하는 동안 어머니의 일일랑 전연 망각했던
거야. 자신의 마음에 즐거운 일을 하고 있는
때, 즉 바꾸어 말하면 스스로는 의무의 소리라
고 믿는 것을 만족시키는 데만 정신이 팔려 완

전히 넋을 잃고 있었던 모양이네.

YOUNG MAN : 선생님은 무어라고 말씀하실는지 모르겠습니다. 제가 보기에는 분명히 그것은 눈뜬 양심이라 하겠습니다. 양심이 눈을 뜬 이상 두 번 다시 그런 과오를 범하는 일은 없겠죠. 결국 그렇게 하는 것이 영구적인 치료라고 생각되는군요.

OLD MAN : 잠깐만…… 내 얘기가 아직 끝나지 않았네. 내가 말하고 싶어하는 건, 인간이란 외부로부터의 작용으로 만들어진다는 것, 말을 바꾸면 도리어 내부로부터 만들어져 나오는 것은 아무것도 없다는 말이라네. 우리들 인간이 새로운 사고방식이네, 새로운 신념, 행동이네 하는 것들을 몸에 붙이는 것만 하더라도 말일세. 그때 꼭 충동으로 되는 것은 외부로부터의 암시이네. 후회라는 것이 이 무신론자의 가슴에서 작용했기 때문에 그 아이의 신앙에 대한 지독한 냉혹성은 해소되었지. 그리고 그 아이를 위해서도, 또 어머니를 위해서도 그 신앙을 최초에는 관용, 다음에는 다정한 눈을 가지고 보게 되었네. 그리고 최후에는 말일세, 그 자신 그 신앙에 정성을 기울여야겠다는 생각이 들었었네. 그 순간부터 새로운 사고방식의 발걸음은 순조로이 진척되었고 결국은 기독교 신자가 되었다네. 그리고 죽어 가는 소년으로부터 신앙과 구원을 빼앗았다고 하는 죄책감은 바야흐로 더욱 더 심해졌었네. 그대로는 그의 마음에 휴식도 없었다네. 그는 어떻게 해서든 평안과 휴식을 얻고 싶었겠지-그것이 인간 본성의 법칙이라네. 게다가 그것을 얻는 데는 단 한 가지 길밖에 없었네. 위기에 직면한 많은 영혼들을 구해 내는데 전념하는 수밖에 없었던 걸세. 그래서 그는 선교사가 되었지. 그리고 병약한 몸을 부둥켜안고 이교도들의 나라로 왔다네. 어느 원주민 미망인이 그를 자기 집으로 맞아들여 그를 잘 구원해 주어 건강이 회복되었다네. 그런데 때마침 또 그 집의 아이가 빈사의 중병에 걸렸었다는군. 은혜를 입은 선교사는 그 애의 어머니를 도와 아이의 간병을 해 주었지. 전에 기독교신자인 미망인의 아들에게 저지른 잘못을 일부나마 갚아야겠다는, 말하자면 최초의 기회였겠지. 게다가 이번 경우는 그 아이가 믿고 있는 그릇된 신에 대한 어리석은 신앙을 바로잡아 줌으로써 굉장한 봉사를 할 참이었다네. 그리하여 이 또한 성공을 했다네. 그런데 말일세, 그 아이가 죽을 때 그를 나무라면서 뭐라고 말했는지 알겠는가?

'저에게는 신앙이 있습니다. 그리고 그것으로 말미암아 행복했습니다. 그런데 선생님은 저의 신앙을 빼앗고, 이어서 저의 마음의 평안까지도 빼앗아가 버렸습니다. 이제 저에겐 아무것도 남은 게 없습니다. 비참한 인간으로서 죽어갑니다. 왜냐고요! 선생님이 저에게 얘기해 준 것은 제가 잃어버린 것에 대신 될 만한 건 아무것도 없으니까요.'

그리고 그의 어머니 역시나 그 선교사에게로 다가가서 이렇게 말했었다고 하더군.

'가엾게도 저 애는 영원한 지옥으로 떨어져 버렸습니다. 나의 가슴은 찢어질 것만 같이 슬픔으로 가득 차 있습니다. 용케도 이런 잔혹한 일이 성취되었군요. 우리들은 선생님에게 아무런 나쁜 짓을 한 기억이 없어요. 다만 친절을 다 베풀어 드렸을 뿐이었는데. 선생님을 위해 이 집을 개방하고 여기에 있는 것은 모두 선생님이 쓰시도록 하였는데 그런데도 그 대가가 이거란 말입니까!'

이 말에는 그 선교사도 자신의 소행에 대한 후회로 가득 찼었지. 그래서 이렇게 대답을 했다네. '분명히 제가 잘못했습니다. 이제야 비로소 깨달았습니다. 그런데 다만 저는 저 아이의 생각이 틀렸다고만 생각했습니다. 그러니까 진실을 가르치는 것이 저의 의무라고 그렇게 생각했던 것입니다.'

그러자 그 모친은 또 이렇게 말했었다는군.

'저 역시 그 아이에게 가르쳐 왔습니다. 짧은 일생이었지만 저 자신이 진실이라고 믿는 점을 끊임없이 그 아이에게도 가르쳐 왔던 것입니다. 그리고 그렇게 믿음으로써 우리들은 둘이 다 행복했습니다. 그런데 인제 그 아이는 죽어 지옥으로 떨어져 버렸습니다. 저는 불행한 여자입니다. 우리들의 신앙이란 것은 이미 몇 백 년 전의 옛날부터 신앙이 독실한 선조들에 의해서 우리들에게까지 전해져 온 것입니다. 선생님에게 건 다른 누구에게 건 그것을 방해할 어떤 권리가 있다는 말씀입니까? 인간으로서의 선생님의 명예, 선생님의 치욕, 도대체 그것은 어찌된 겁니까?

선교사라는 주제에 그들 모자를 배신했다는 분 후회의 가책이 앞의 경우와 못지않게, 어떻게 해야 좋을지 모를 만큼 그의 가슴을 쑤셨었네. 자, 이걸로 내 얘기는 끝났네만 자넨 이걸 어떻게 보나?

YOUNG MAN : 그거야 그 사나이의 양심이라는 것이 바보죠! 병적이에요. 선악의 분별조차 제대로 못하니…… .

OLD MAN : 그 말도 일리가 있는 말일세. 그런데 만일 어떤 사나이의 양심이 선악의 분별조차도 못한다는 것을 자네마저도 인정한다면 말일세. 단적으로 말해서 그것은 자네 외에도 그런 사람이 있다는 것을 인정해야 하지 않겠는가. 그 사실 한 가지만으로 충분해. 양심의 판단이라는 것을 잘못이

없다는 등의 전주장을 반복한다는 점에서 말일
세. 그건 그렇고, 또 한 가지 물어보고 싶은 게
있네.

YOUNG MAN : 뭡니까?

OLD MAN : 그러니까 이들 두 경우, 쌍방 모두에게 사나이
의 행위는 그의 마음에 아무런 불쾌감도 제공해
주지 않았네. 도리어 아주 만족스러워서 기쁨마
저 느꼈다고 하는군. 그런데 나중에 그것이 그
자신의 고통거리로 되고 보니 그는 후회를 했었
지. 남에게 고통을 주는 것. 그것을 후회했겠지
만 다만 그 이유라는 것은, 첫째가 그들의 고통
이 그에게 있어서도 역시 고통이었다고 하는,
다만 그것뿐이네. 우리 인간의 양심이란 그것이
우리 자신에게도 고통을 주지 않는 한 남의 고
통 같은 것은 전연 염두에도 없는 법, 바꾸어 말
하면 그것이 우리 자신까지를 불쾌하게라도 하
지 않는 한 남의 고통 같은 것에는 우선 예외 없
이 완전히 무신경이란 말일세. 예를 들면 아까
말한 기독교 신자인 모친의 넋두리에도 말일세,
아마 대다수의 무신론자들은 아마도 완전히 마

이동풍이었을 것이 뻔하네. 그렇게 생각하지 않는가.

YOUNG MAN : 옳습니다. 세상의 보통 무신론자들로 말하면 아마 그렇다고 하겠죠.

OLD MAN : 그리고 또 엄격한 의무감에 긴장해 있는 선교사들, 그들도 아마 대개는 마찬가지일세. 그 이교도인 모친의 탄식 따윈 들어도 아마 대개는 태연했을 걸일세. 예를 들면 옛날 프랑스의 통치 하에 있던 무렵의 캐나다 천주교의 선교사들이 그래요. 퍼크먼(프랜시스 퍼크먼. 1823~93년. 미국의 역사가. 서부 변경을 곧잘 보도 여행했기에 기행문이 많다. 여기서 나오는 책은 『신세계에서의 프랑스인 선구자들』을 말함)의 책에 나오는 몇몇 예화들이 그거네.

YOUNG MAN : 그렇군요. 하지만 잠깐만 기다려 주십시오. 얘기가 어떻게 확대되어 가는가요?

OLD MAN : 이런 거지 뭐. 인간이란 굉장히 여러 가지 속성들을 스스로 제 멋대로 만들어 내는 거야. 게다가 헷갈리기 쉬운 이름만 붙여서 정찰을 둘러붙여대지. 사랑 · 증오 · 자비 · 연민 · 탐욕 · 선의 하는 것들이 모두 그런 거야. 아니 오히려 이름이 먼저 있어서 거기에다 특별히 헷갈리기 쉬운 의미를 부여하는 것을 했던 거지. 요컨대 모두가 자기만족, 자기도취의 나타남에 불과한 거라네. 그런데 이름이라는 것이 모두가 참으로 비슷해서 혼동하기 쉬운 것이어서, 무의식중에 중요한 사실은 잊어버리고 있어. 그 바람에 이것 또한 『자기희생』이라는 사전 속에 있어선 안 될 말까지 슬쩍 사전 속에 삽입되어 버린 거라네. 그러니까 이런 말은 있지도 않은 것의 설명에 지나지 않는 걸세. 또한 더욱 나쁜 것은 말일세, 실제로는 모든 인간의 행동을 규율하고 명령하고 있는 유일무이한 충동에 관해선, 이것을 완전히 무시하고 단 한 마디도 언급을 않고 있네, 어떤 경우일지라도, 또 어떤 대가를 지불하더라도 우선 자기 시인을 하지 않으면 안 된다고 하는 이 지상 명령이라고 할 것인데 말일세. 우리 인간의 존재란 모두 이것과 관련되어 있다고 말해도 좋을 걸세. 말하자면 우리의 호흡·심장·혈액이라고 말해도 좋겠네. 이것만이 우리에게 유일한 박차, 채찍 그리고 기합, 결국은 그러면 유일무이한 원동력이란 말인데, 이것 없이 우리 인간은 무기력한 형해形骸, 시체에 불과한 거지. 누구나 아무것도 안 될 것이고 발전 또한 없을 거네. 세계는 영원한 정지가 되어 버리지. 이 어쩔 수 없는 원동력, 우리가 그 이름을 들을 때에는 오히려 그 앞에서 모자를 벗고 머리를 숙여야 할 테지만 말일세.

YOUNG MAN : 어쩐지 이해가 잘 안 가는데요.

OLD MAN : 생각해 보면 다 이해할 수 있을 건데……

3.

그 애증

OLD MAN : 요전번에는 자기 시인의 복음에 관해서 대화를
나눴는데 그 후 거기에 관해 좀 생각 해 봤는가?

YOUNG MAN : 네, 생각해 봤습니다만.

OLD MAN : 이것도 자네로 하여금 그렇게 하게 한 것은 내
가 아니겠는가. 결국은 외부로부터의 힘이 작용
한 거지 결코 자네 자신의 머릿속에서 생겨난
건 아닐세. 잘 명시해 두고 잊지 말기를 바라네.

YOUNG MAN : 알겠습니다. 그런데 왜 그러죠?

OLD MAN : 모두 다 또 자네와의 대화 속에서 나올 터이니

다음 한 가지만은 지금 알아두었으면 해서네.
이건 나든 누구든 인간은 어떤 사람도 자기 혼자
의 머리로 사상을 만들어 낸다는 것은 믿지 말
게. 그런 일이란 절대 불가능한 때문이라는 점
이네. 새로운 사상을 입으로 떠들어대는 인간은
있지만, 사실은 모두가 낡은 소리를 지껄이고
있는 것에 지나지 않네.

YOUNG MAN : 하지만……

OLD MAN : 그건 내일이나 모레쯤 내 얘기가 그 문제에 다
다를 때까지 진행할 테니 기억해 두게나. 그런
데 자네는 예의 그 원칙 곧 모든 행위는(본질적으
로) 자기만족의 충동에서 생겨나는 것이지 그 이
외의 것이 아니라는 원칙에 관해 좀 생각해 보
았는가? 연구는 해 본 것 같은데, 그럼 도대체
무얼 알았는가?

YOUNG MAN : 그러나 잘 되지를 않는군요. 이야기나 전기 책
같은 데 나오는 훌륭한 게다가 언뜻 보아도 분
명히 자기희생의 행위답게 생각되는 것을 여러
가지로 검토는 해 보았습니다만 아무래도 그
게…….

OLD MAN : 그랬군. 여러 가지로 분석을 해 보면 그럴싸하게 느껴지는 자기희생이라는 것이 모두 자취를 감추고 만다는 이야기겠지? 당연하지.

YOUNG MAN : 아닙니다. 사실은 소설에 나오는 이야기인데요, 아무래도 제 주장이 옳은 것 같은 이야기가 있습니다. 애딜론닥(뉴욕주의 한 군 이름, 작은 호수와 구릉, 산림 등이 많은 지대)의 산림에서의 얘기인데요, 어떤 목재 벌목장에서 그곳의 노동자이면서 목사이기도 한 어떤 사나이가 있었습니다. 인격이 고결하고 신앙 또한 아주 독실했대요. 그런데, 어느 날 뉴욕 빈민가의 진실한 노동자 한 사람이 휴가를 얻어 그곳에 찾아 왔었다나요. 이 사나이는 대학의 세틀먼트(역주 : 사회사업 서클)에서의 어지간한 리더이기도 했죠. 그래서 얘기는 또 벌목 인부였던 홈의 이야기로 되돌아갑니다만, 갑자기 이 사나이가 어떤 일에 정열을 불태우기 시작했죠. 앞에 기다리고 있는 세속적 영달의 길을 버리고 이스트사이드(뉴욕 시 맨해튼의 동부, 전에는 빈민가로 유명했었다)로 들어가서 사람들의 영혼을 구해야겠다고 생각했었어요. 하나님의 영광을 위해, 그리고 또 그리스도를 위해 자기 희생을 감수하는 것이야말로 참 행복이라고 생각했습니다. 직장도 그만두고 기꺼이, 용감하게 자기희생의 생활로 들어갔습니다. 이스트사이드로 가서 비웃음을 당하면서도 미개국으로부터 온 이민 부랑자들의 작은 그룹을 앞에 하고 십자가상의 그리스도에 대해서 날마다 밤낮을 가리지 않고 설교하고 돌아다녔던 것입니다. 그에게는 조소도 기쁨이었습니다. 그런 것은 모두 그리스도를 위해 참아냈으니까요. 선생님은 지금까지 저의 마음에 여러 가지 회의를 불러일으켜 왔습니다. 그래서 저는 그의 행동에 대해서도 끊임없이 그 배후에 숨은 불순 충동 같은 것을 찾아내고자 노력했습니다. 그런데 결과는 고맙게도 실패였답니다. 즉 이 사나이는 어디까지나 다만 의무라는 것만을 생각하고 오직 그 의무를 위해서만 자기희생을 하여 거기로부터 오는 빚을 짊어지고 살아나갔던 것입니다.

OLD MAN : 그 만큼을 자네가 읽었는가?

YOUNG MAN : 그렇습니다.

OLD MAN : 어쨌든 그러는 가운데 더 깊이 읽는 방법을 배우게 할 생각이었는데 당장 우선 질문한 그 내용은 말일세, 자기희생이라는 것도 본질에 있어서는 결코 그 사나이가 생각하고 있는 것 같은 하나님의 영광을 위해서가 아닐세. 첫째로는 우선 그의 안에 있는 절대 부동의 명령자인 그 주인을 만족시키기 위해서였었네. 그런데 그 사나이는 누군가 그밖에도 희생으로 한 인간은 있을까?

YOUNG MAN : 무슨 뜻입니까, 그건?

OLD MAN : 결국 그 사나이는 돈 버는 지위를 버리고 그 대신 어렵게 의식주만을 해결했을 테지. 누군가 부양 가족은 없었을까?

YOUNG MAN : 아니에요, 있었습니다.

OLD MAN : 묻겠는데, 그 사나이의 자기희생에 의해 다른 사람들이 입은 피해는 어느 정도였으며 어떤 스타일이었던가?

YOUNG MAN : 늙으신 부친을 공양해야만 했었고 또 누이가 하나 있었습니다. 아주 목소리가 고와서— 누이 쪽에서도 어떻게 그걸로 출세해 보려고 했었습

니다. 그래서 그녀의 희망을 충족시켜 주기 위
해서 음악 교육을 받게 했던 것입니다. 또 아우
가 하나 공업학교에 다니고 있어서 학비를 대주
었던 것입니다. 토목 기사가 되고자 했었으니까
요.

OLD MAN : 그 부친의 생활은 아주 빡빡했겠는 걸 안 그래?

YOUNG MAN : 이만저만이 아니었습니다.

OLD MAN : 그래서 누이동생의 음악 교육도 중단했었군?

YOUNG MAN : 그렇습니다.

OLD MAN : 동생의 교육도 — 그러니까 모처럼의 행복의 꿈
도 완전히 깨어져 버렸겠군. 하는 수 없이 부친
을 공양하기 위해 제재소에서 일도 하고, 또 뭔
가 그런 식으로 하는 수밖에 없었겠군?

YOUNG MAN : 그렇습니다. 거의 말씀하신 그대로입니다.

OLD MAN : 얼마나 훌륭한 자기희생을 한 건가? 내 생각에
그는 모든 인간을 희생으로 삼은, 단 자기만은
빼고 말일세. 말했었지 않은가. 나는 — 인간은
결코 자기희생이라는 것을 할 까닭이 없다고. 그
런 예는 예로부터 한 건도 없다고, 한 번 내재하
는 주인이 그 민족을 위해 노예인 인간에게 어떤

것을 요구한다고 하세 — 일시적인 만족이라도
좋고 영구적 만족이라도 좋지만…… 아무튼 그
요구는 절대로 충족되지 않으면 안 되고, 또 충
족되어질 것이네. 그 명령이라는 것은 설사 누가
방해할지라도, 또 누가 그 때문에 폐를 입을지라
도 반드시 실천되어야만 하네. 요전에도 그렇게
말하지 않았는가? 과연 그 사나이는 내재하는
군주를 기쁘게 해 주고 만족시켜 주기 위해 완전
히 일가를 파멸시켜 버린 거군, 그래.

YOUNG MAN : 하지만 그건 그리스도의 가르침을 실천하기 위
함이었는데요.

OLD MAN : 그렇겠지. 제이의적이긴 하나 제일의적으로는
아니지. 장본인인 자신은 그렇게 생각했었는지
도 모르지만.

YOUNG MAN : 더욱 잘 이해가 됩니다. 그렇게 생각하고 싶었
다면 그래도 좋겠죠. 하지만 장본인으로선 이렇
게 생각했을지도 모르죠. 만일 뉴욕 시 수백 명
의 생명을 구원하게 된다면…….

OLD MAN : 그…… 뭐라고 하면 좋을까? 음, 그것으로 그
큰 이득만 얻을 수 있다면 좋다고 하는……

YOUNG MAN : 그렇습니다. 일종의 투자가 아닐까요?

OLD MAN : 그게 무슨 투자인가. 그런 투자가 어찌되리라고 생각하는가? 오직 한 사람의 영혼을 붙드는 것도 절대로 확실하다고는 할 수 없는 걸세. 아마 3천 3백 퍼센트의 이윤을 꿈꾼 것일 터인데 도박이 아니란 말인가. 이건…… 필경은 가족을 그 〈칩〉으로 삼는 것이지. 그런데 정작 승패는 어찌 되었던가? 아마도 그걸로 감추어진 진실의 원충동이란 것의 정체가 밝혀진 건 아닌가. 결국 그 원충동이야말로 그로 하여금 자기희생의 행동을 취하게 했지. 주 예수를 위해서라고, 이렇게도 훌륭히 일가를 희생해 버렸던 것일 테지만 근본을 따지면 미신이지…… 장본인이야 참으로 자신을 희생할 생각이었을지도 모르지만 그건 미신, 미망이야. 좋아, 어딘가 좀 읽어볼까…… 바로 이거야! 어차피 결과는 늦든 이르든 나타나게 마련일세. 그는 한 때는 이스트사이드의 빈민들을 앞에 하고 설교를 하고 있겠지. 한데 그 다음은 어떤가. 마음의 상처나 긍지도 다 집어치우고 다시금 또 그 제재소의 따분한 고용원 생활로 돌아간 게 아닌가. 왜 그럴까? 그의 노력이 주 예수의 뜻에 합당하지 못했던 탓일까? 주를 위해 온 정력을 다 쏟아 왔는데. 놀랍군, 그런 점은 전연 무시되고 있으니 말일세. 한 마디라도 쓰지 않을 수가 없겠네. 그것이 최초의 동기였다는 것 따윈 완전히 잊고 있다고! 그런데 그렇다면 어디가 어떻게 어려운가 하는 것인데, 다시 말하면 이 여류 작가는 그런 것은 전연 무의식이라 할까, 무지하다 할까, 놓을 자리를 잊어버린 걸세. 문제는 거기 있어. 이것에 따르면 이 사나이는 다만 빈민들에게 설교를 했다는 것만으로 되어 있지. 그거야 물론 대학 세틀먼트식의 수법이 아닐세. 그보다 훨씬 큰 문제, 고차원의 문제를 다루고 있어. 또 그 거칠기 짝이 없는 구세군식 열변이라는 것도 없지. 주인공인 홈에 대해서도 많은 인정을 베풀고 있긴 하나, 역시 냉정하군 그래. 지금 당장 동정심이 좀 모자라네. 단단히 가슴에 끌어안아 주는 점이 없단 말일세. 세상에 명성을 떨치려고 하는 그의 꿈은 모두 잃어버렸네. 칭찬, 그리고 감사의…… 운운하고 말하지만 도대체가 누구를 말인가, 그것은? 구주 예수인가? 그렇지가 않네. 주 예수의 이름 같은 건 한마디도 나오지 않으니까. 그럼 누구일까? 여기에 '동료 노동자들'이란 말이 있군. 그런데 왜 그런 걸 바라는 거지? 그의 속에 내재하는 주인인 군주가 그것을 원했겠지. 그리고 그것 없이는 만족하려 하지를 않았으니까 말일세. 방금도 인용한, 특히 강조되고 있는 이 한 구절인데 이것이야말로 우리가 찾아 구하던 비밀의 열쇠, 결국은 이름 없고 비천한 이 에딜론닥의 한 벌목 채취 인부에 지나지 않는 사나이가 말일세, 왜일가를 희생하면서까지 이스트사이드의 십자군이 되기를 시도했던가, 그 원충동이라고나 할까, 진실의 동기를 명백히 하고 있다고 생각하네. 다시 바꾸어 말한다면 말일세, 자신도 그 사실을 모르고 갔었지. 그리고 놓인 자리를 잃어버린 사람들 앞에 그가 가지고 있는 위대한 능력을 보여서 자기도 또 세상에 나타내려고 했던 까닭이지. 앞에서도 말했듯이 말일세. 인간의 어떤 행위는 출처는 모두 하나, 이 법칙, 이 동기로부터 벗어

난 것은 하나도 없다네. 더 곰곰이 그대 자신을
검토해 보게나. 자기희생의 행위니 의무를 위한
의무의 이행이니 하는 이야기를 들으면 말일세.
얼른 그것들을 철저하게 분석하여 진정한 동기
라는 것을 추구해 보게나, 분명히 법칙이 발견될
거네.

YOUNG MAN : 저는 날마다 하고 있습니다요. 꽤나 싫고 화딱
지 나는 탐구이긴 하지만 일단 시작했으니까 않
고는 못 배깁니다. 아주 불쾌하지만 재미있는
일이니까요. 못 견딜 정도로 재미있다고나 할까
요. 아무튼 책 따위를 읽고 이른바 미담이라는
걸 보게 됐는데요, 얼른 그것만을 가지고 검토
했습니다. 그렇게 하지 않고는 못 배깁니다.

OLD MAN : 혹 예외 행위라고 할 수 있는 것이 발견되었는
가?

YOUNG MAN : 아뇨…… 적어도 현재까지로서는 말예요. 하지
만 이런 경우는 어찌됩니까? 저 유럽에서 볼 수
있는 호텔 보이들에게 주는 팁이라는 습관 말입
니다. 서비스료는 고스란히 호텔에 지불하죠.
그렇다면 그 다음 심부름꾼들에게는 아무런 빚

이 없는 거 아닙니까? 그런데도 따로 또 주지를 않습니까? 예외가 아닙니까?

OLD MAN : 어떤 식으로 말인가?

YOUNG MAN : 아무것도 안 줘도 좋은 걸까요? 그러니까 그 동기라고 한다면 역시 박봉인 그들에게 대한 동정이라고나 할는지…….

OLD MAN : 그러면 자네는 그 관례에 화가 났던 모양이군?

YOUNG MAN : 그래요…… 그렇답니다.

OLD MAN : 그러면서도 그 관습에 따르고 있단 말인가?

YOUNG MAN : 물론입니다.

OLD MAN : 물론이라고?

YOUNG MAN : 하지만 관례도 하나의 규율이지요. 규율에는 따라야 하지 않겠어요. 모두가 그것을 의무로 인정하고 있으니까요.

OLD MAN : 자네는 의무를 위해서라면 화나는 돈이라도 지불한다는 말인가?

YOUNG MAN : 그렇다고 하겠죠.

OLD MAN : 자네로 하여금 돈을 지불하게 하는 동기라는 건 반드시 연민·자비·선의라고만은 할 수 없지 않겠는가?

YOUNG MAN : 그렇습니다. 그렇다고 하겠죠.

OLD MAN : 그럼 약간은 그런 점도 있다는 말인가?

YOUNG MAN : 아뇨. 저의 경우…… 동기를 결정하는 데에 약
간은 지나치게 성급하다는 느낌도 드는군요.

OLD MAN : 어쩌면 그럴지도 모르지. 그런데 또 팁의 이야
긴데 자네가 관습을 무시한다면 과연 보이들이
척척 서비스를 해 줄 것 같은가?

YOUNG MAN : 이건 좀 색다른 질문 같군요! 저 유럽의 보이들
말씀이죠? 물론 이렇다 할 서비스 따윈 전연 없
겠죠.

OLD MAN : 그럼 그것이야말로 자네로서는 내키지 않는 돈
을 지불케 하는 충동이 일고 있는 건 아닐까?

YOUNG MAN : 부인은 않겠습니다.

OLD MAN : 그러면 어차피 주는 의무로서, 그리고 약간은
자신의 이익이라는 생각도 개입해 있다는 얘기
가 아닌가?

YOUNG MAN : 그렇습니다. 확실히 그런 점도 있습니다. 하지
만 거기에 한 가지 문제가 있습니다. 그 팁이라
는 걸 우리는 일종의 부당 착취라고 의식하면서
지불하고 있는 것이죠. 그런 탓으로 또 돈을 아

껴 그 가난한 친구들에게 주지 않았는가 생각하면 역시 떠날 때에는 무언가 아쉬움을 느끼죠. 뭣하면 다시한번 되돌아가서 착실히 준다든가, 아니 착실히라기보다 더 이상으로 한 번 배짱 좋은 점을 보여 줬으면…… 하는 생각도 진정으로 하게 되죠. 이런 충동입니다만 아무리 선생님이더라도 이걸 이기심이라고 생각하는 것은 무리겠죠.

OLD MAN : 왜 그런 식으로 생각하는 건가? 호텔의 계산서에 서비스료가 붙어 있는 것을 보고 자네는 화가 나는가?

YOUNG MAN : 아뇨.

OLD MAN : 그 액수에 대해 불만이 있다는 말인가?

YOUNG MAN : 아뇨. 그런 생각은 하지 않습니다.

OLD MAN : 그러면 그 지출 자체는 괴롭지는 않단 말이군 그래. 정해진 액수니까 기꺼이 지출한다, 잔소리 않고 지불한다는 말인데. 이번에는 보이들에게 지불하는 경우 만일 각각의 액수가 정해져 있다면 자네는 어쩔 셈인가?

YOUNG MAN : 어떻다뇨? 아주 좋겠죠 뭐.

OLD MAN : 그럼 예를 들어 그 규정 액수가 자네가 지금까
지 팁으로 준 관례의 액수보다도 만일 약간 많
다 해도 말인가?

YOUNG MAN : 물론 마찬가지죠.

OLD MAN : 알았네. 그렇다면 내가 이해하는 바로는 자네가
팁을 주는 기분이란 사실은 동정도 아니며 의무
감도 아니고 또 화가 난 것도 그것은 액수의 문
제가 아니네 그려. 그래도 뭔가가 화가 났다면
도대체 그건 뭔가?

YOUNG MAN : 그들의 입을 막는 데는 도대체 얼마쯤 주면 좋
을까요? 그걸 알 수가 없거든요. 한데 팁이라는
것은 유럽에서도 나라에 따라 차이가 심하거든
요.

OLD MAN : 그러니까 일일이 생각하지 않으면 안 된다는 말
인가?

YOUNG MAN : 그렇게 하는 수밖에 별 도리가 없지 않습니까?
그러니까 생각에 생각을 거듭해 눈치작전을 해
야만 합니다. 남에게 물어보기도 하고, 그 바람
에 밤에 잠도 잘 안 오고 낮에는 낮대로 그 일이
머릿속에서 떠나지를 않는 걸요. 바깥 경치를

바라보는 척하고 있기는 해도 머릿속에서는 끊
임없이 그 생각뿐이라서 사실은 참을 수 없으리
만큼 화가 나죠.

OLD MAN : 결국 빚도 아닌 돈, 그런 생각만 없다면 지불하
지 않아도 되는 돈 때문에 몹시 언짢음을 겪어
야하는 셈이군 그래. 한데 우습잖은가. 뭣 때문
에 그런 것을 걱정해야만 하지?

YOUNG MAN : 누구에게나 불공평하게 되지 않도록 정당한 액
수를 찾아내려 하기 때문이죠.

OLD MAN : 아니, 근사한 이야기군. 보기에는 말일세. 특별
히 빚이 있는 것도 아닌데 다만 박봉으로 인해
돈(팁)을 바라고 있는 애처로운 보이들을 위해
무언가 부정, 불공평하게 되지 않도록 그렇게까
지 골치를 썩이고 귀중한 시간을 할애해 주니까
말일세.

YOUNG MAN : 그러기에 이렇게 생각하죠. 비록 배후에 불쾌
한 동기가 있다손 치더라도 이 점까지는 좀 알
고 있죠.

OLD MAN : 정당한 팁을 주지 않았다 치고 어떻게 자네가
그런 것을 알지?

YOUNG MAN : 그거야 상대가 말도 잘 하지 않고, 고맙다는 인
            사도 않기 때문이죠. 때로는 이쪽이 낯이 따가
            울 정도의 얼굴을 보이는 일조차도 있으니까요.
            그렇다고 하여 이쪽에서도 자존심이 있으니까
            요, 만좌 중에서 새삼스럽게 이제 와서 다시 줄
            수도 없는 노릇이죠. 그런 탓에 나중에야 아예
            기분 좋게 척 주었으면 좋았을 걸 하고 생각하
            게도 되겠죠. 아니 그 창피스러움, 고통스러움
            이야! 그런데 또 반대로 안면 같은 경우로 순조
            롭게 해결되는 때도 있습니다. 그런 때에는 참
            으로 좋은 만족감으로 출발합니다. 그런가 하면
            또 너무나도 인사말을 길게 늘어놓는 수도 있고
            요, 혹은 필요 이상으로 많이 준 게 아닌가 느껴
            지는 수도 있죠.
OLD MAN : 필요라고! 무엇을 위해 필요하단 말인가?
YOUNG MAN : 상대를 만족시키기 위해서죠.
OLD MAN : 그럼 그러한 때에는 어떤 생각이 드는가?
YOUNG MAN : 후회가 되죠.
OLD MAN : 그러면 나는 믿네. 자네의 그 걱정이란 건 아무
          래도 정당한 액수를 알아내기 위한 건 아니었

네. 얼마만큼 주면 상대방을 만족시킬 수 있을
것인가, 그걸 모색하고 있었음에 지나지 않네.
그리고 말하자면 자신을 속일 이유를 찾고 있었
을 따름이라는 이야기라고 생각하네.

YOUNG MAN : 무슨 말씀이신지?

OLD MAN : 즉 자네의 팁이 만일 상대의 기대에 어긋났을
경우 자네가 받는 피해란 사람들 앞에서 창피스
러움을 당한다는 것이네. 그게 자네에게 고통을
준다는 것일세. 결국 자네도 상대방의 필요를 생
각한 건 아니네. 그대 자신의 필요를 생각했을
따름이라는 이야기네. 또 지나치게 많이 준 경우
말일세, 자네 자신이 확실히 부끄럽게 느껴진다,
그리고 마음에 상처를 입는다는…… 즉 여기서
도 역시 생각하고 있는 것은 자신의 일 뿐일세.
자기를 지키고 어떻게든 불쾌감으로부터 벗어나
자고 하는 그것뿐이 아니겠는가. 보이의 일은 한
번도 생각한 게 아닐세. 다만 어떻게든 그의 인
정을 받고 싶다는, 그런 방법을 궁리한 것 이외
에 아무것도 아니란 말일세. 그것만 얻어진다면
자네는 자네 자신의 인정 역시 얻을 수가 있지.

자네가 찾고 있는 것은 그 한 가지 뿐일세. 그렇게 되면 자네의 속에 있는 주인도 역시나 크게 만족하고 기뻐할 걸세. 팁 문제만 하더라도 제일의 관심은 오직 그것뿐, 달리 아무 문제도 없다고 하겠네.

또 다른 실례

YOUNG MAN : 그렇다면 뭡니까…… 저 인간 최고의 행위라고도 할, 남을 위한 자기희생이라는 것은 완전히 말살되어 버린다, 그런 것은 존재하지 않는 결과가 된다, 그런……?

OLD MAN : 그렇게 말한 게 나쁘기라도 하다는 말인가?

YOUNG MAN : 물론이에요.

OLD MAN : 나는 그런 걸 말하는 것이 아니라네.

YOUNG MAN : 그럼 어떤 말씀입니까?

OLD MAN : 다만 말의 일반 의미에서는 말일세. 남을 위해 자기희생을 하는 인간은 절대로 존재하지 않는다. 즉 남을 위해서만 자기를 희생한다는 건 있을 수 없다는 말을 했을 뿐이네. 확실히 인간은

남을 위해 날마다 자기를 희생하고 있네. 그러
나 그것도 실은 자기를 위해서야. 무엇보다도
그 행위는 자신을 만족시켜 주는 것이 아니면
안 되네. 그 밖의 것은 모두 그 다음의 이야기인
거라네.

YOUNG MAN : 그 의무를 위한 의무라는 것도 같다는 말씀입
니까?

OLD MAN : 그렇지, 다만 의무를 위해서만 의무를 행하는
인간이란 한 사람도 없네. 인간의 행위는 우선
자기의 마음을 만족시켜야만 하네. 그것을 피해
하지 않는 것보다는 하는 편이 마음이 기뻐진다
는 그것뿐일세. 그게 불가능하다면 어느 누가 한
단 말인가?

YOUNG MAN : 그럼 저 버클레이 카슬루호의 경우(역주 : 버큰헤
드호의 오류인가. 이 배는 1852년 2월 26일 아프리카 최남단
부의 희망봉 근해에서 조난 침몰, 다음의 본문 내용과 같은 일로
세계적으로 유명해졌음.) 같은 건 어찌됩니까?

OLD MAN : 아아, 숭고한 의무를 훌륭하게 다 해 낸 것이지.
그런데 자네는 그것을 충분히 분석 검토해 보았
는가?

YOUNG MAN : 그건…… 당시, 군인들과 그 처자들을 가득 실

은 영국 수송선이었죠. 그런데 암초에 부딪혀 침몰해 들어갔죠. 보트에는 처자들을 태울 만한 여유밖에 없었습니다. 연대장은 대원 전원을 갑판 위에 정렬시키고 '우리는 처자식들을 살리기 위해 죽어야 된다. 그것이 우리의 의무다'라고 침통한 연설 일장을…… 그러나 누구 한 사람 불평을 말하는 사람이 없었으며 항의하는 사람도 없었죠. 보트는 처자들만을 싣고 멀어져 갔습니다. 이윽고 죽음이 다가왔을 때, 연대장과 장교들은 각각 조를 만들고 사병들은 일제히 어깨총을 했죠. 그리고 마치 사열식이라도 할 때처럼 군기를 나부끼고 큰북을 울리면서 물속으로 잠겨 들어갔습니다. 의무를 위한 의무라는 희생이죠. 그렇지 않다고 생각하십니까?

OLD MAN : 훌륭해. 아주 숭고한 행동이야. 하지만 한 가지 물어보겠는데 만일 자네가 그 자리에 있었다고 하면 과연 자네는 최후의 순간까지 그 열에 남아서 그처럼 의연한 태도로 죽어 갔겠는가?

YOUNG MAN : 제가요? 글쎄요…….

OLD MAN : 그대 자신이 그 자리에 있었다고 하고, 죽음을

의미하는 그 물이 넘실넘실 자네의 주위에서 높
아져 왔다고 상상해 보게.

YOUNG MAN : 그런 상상을 어떻게 합니까? 생각만 해도 으스
스한 걸요. 아무래도 저는 그 자리에 남아 있지
못했을 것 같군요.

OLD MAN : 왜 그런가?

YOUNG MAN : 저는 저 자신을 잘 알고 있습니다. 그런 걸 능
히 해낼 것 같지 않은 것을 알고 있습니다.

OLD MAN : 그러나 그걸 하는 것이 자네의 의무인 걸.

YOUNG MAN : 알고 있습니다. 하지만 아마 못할 것만 같아요.

OLD MAN : 당시 천명 이상의 군인들이 있었다지. 게다가
한 사람도 사기가 좋은 사람이 없었다고 하네.
그 중에는 자네와 같은 생각을 한 인간도 있었
을 게 틀림없네. 그런 그들마저도 그 의무를 해
냈다고 하는데도 왜 자네는 못한다는 말인가?
자네도 하려고만 생각하면 몇 천 명이라도 사원
이나 직공들을 모아 그 갑판 위에 세우고 '의무
를 위해서다' 죽어달라고 부탁할 수가 있을 거
아닌가? 하지만 최후까지 대열에 남아 주는 것
은 아마도 20명 이쪽저쪽일지도 모르겠네만.

YOUNG MAN : 그렇지요. 잘 알고 있습니다.

OLD MAN : 그런데 그들을 훈련하여 전화의 체험을 한두 번
쯤 하게 해보면 모두가 훌륭한 군인이 될 거네.
군인으로서의 긍지나 군인으로서의 자존심, 이
상 등을 훌륭히 몸에 붙인 군대로 되네. 그리되
면 그들은 모두가 회사원으로서의 정신이나 직
공으로서의 정신이 아니라 군인으로서의 정신을
만족시키지 않으면 안 되게 되네. 군인으로서의
의무를 회피하면 도저히 그 정신을 만족시킬 수
없기 때문이네. 그렇지 않겠는가?

YOUNG MAN : 그렇겠군요.

OLD MAN : 그렇게 되면 이건 이미 의무를 위한 의무를 다
하는 것이 아니고 결국, 제일의 적으로는 자기
자신을 위해 의무를 다하는 것일세. 회사원이었
을 때건, 직공이었을 때건, 또는 신병이었을 때
건, 의무라는 한에서는 모두 마찬가지 어디까지
나 지상명령이었을 텐데…… 그러나 그 일만이
라면 이 의무를 다할 수는 있겠지. 회사원, 직공
으로서는 좀더 다른 이상, 충족시켜야 할 좀더
다른 정신을 가졌을 것이네. 그러니까 그 의무

는 착실히 다해 왔지. 그렇게 하지 않을 수 없었
다네. 그것이 원칙이니까. 결국 훈련교육의 힘
이라고. 보다 높은, 더욱 보다 높은 이상을 지향
하는 훈련이란 모든 인간에게 있어 생각해 볼 의
미가 있겠네. 충분히 노력할 가치가 있네.

YOUNG MAN : 그런 의무감에서 배신자가 되느니보다는 오히
려 화형이라도 달갑게, 기꺼이 받겠다는 인간,
이것은 도대체 어찌된 겁니까?

OLD MAN : 그건 그 인간의 타고난 천성, 그리고 또 교육 나
름이겠지. 가령 생명은 버리더라도 내적인 정신
은 만족시키지 않으면 안 된다. 그런데 같은 진
실한 신자라도 말일세. 타고난 기질이 다르면
그 의무를 수행하지 않는 인간도 나온다. 의무
로는 시인을 하고 거기에 위배하는 걸 슬퍼하면
서도 말일세. 그러니까 그로서는 우선 내적인
정신을 만족시키지 않고는 안 되네. 싫더라도
그렇게 하지 않을 수 없는 거야. 따라서 의무를
위한 위무라는 것은 다할 수가 없지. 그렇게 해
선 그의 마음을 만족시킬 수는 없으니깐 말일
세. 그리고 무엇보다도 먼저 요구되는 것은 마

음의 만족일세. 그것만이 다른 모든 의무에 우
선할 테니까.

YOUNG MAN : 이런 경우는 어떻습니까? 사적 도의감이라는
점에서는 흠 잡을 데 없는 성직자가 자신이 지지
하는 정당 후보자라는 이유 하나로 도둑놈인 후
보자에게 한 표를 던지기 위해 상대 정당의 깨끗
한 후보자에게는 투표하지 않게 되면……

OLD MAN : 역시 그의 마음을 만족시키는 길밖에 없겠지.
그에게는 공적인 도덕이라는 게 없는 까닭일세.
또 그가 속한 당파의 성쇠가 문제로 되는 경우
사적 도의감마저도 없었다는 것이 되네. 즉 그
의 타고난 천성과 교육에만 언제나 충실했던 것
이겠네.

4.

훈련, 교육이란

YOUNG MAN : 선생님은 훈련·교육이란 말씀을 잘 하시는데 그 의미는……?

OLD MAN : 학습, 교육 그리고 설교라고도 할 수 있을까? 확실히 그것도 일부분이긴 하네. 그러나 결코 대부분은 아니지. 내가 말하는 건 밖으로부터의 영향, 힘이란 것 일체를 말하는 걸세. 물론 그것은 무수히 많네. 세상에 태어나서 죽기까지 인간이란 존재는 눈을 뜨고 있는 한 끊임없이 무언가 교육을 받는 거라네. 그리고 그 교육자들 가운데서도 첫째는 이른바 인간관계란 것이지. 그의 마음과 감정을 형성하고, 이상을 제공하고, 그리고 어떤 인생 궤도를 향하여 여행을 떠나게 하고, 또 그것을 착실히 지키게 하는 것은 오로지 그 인간적 환경이야. 만일 그 궤도를 벗어나면 분명히 그는 그가 가장 존경하는 사람들, 그리고 그 사람들이 가장 관심을 가지고 있는 무리들로부터 당장 왕따를 당한다는 사실을 깨닫게 되지. 카멜레온이라 할까? 그 본성의 법칙에 따라 싫더라도 그 주변 색의 색깔을 띤다. 좋고 나쁨도, 정치의식도 취미도 도덕 신앙도 모두 그것들을 만들어 내는 것은 주위의 영향이지. 스스로 만들어 내는 것이라고는 하나도 없어. 장본인은 그런 걸 알아차리지 못할지 모르나 그것은 문제를 잘 검토하지 않고 있기 때문이라고 해야 옳을 걸세. 저 장로교회신도(프레스비텔리언즈)라는 걸 알고 있을 테지?

YOUNG MAN : 예, 꽤 많이.

OLD MAN : 왜 그들이 조합파 신자(콘크리게이셔널리스트)가 되지 않고 장로와 신자가 되었는지 알겠는가? 또 왜 조합파가 침례파(뱁티스트)로 되지 않았는지? 또한 침례파가 왜 로마 카톨릭으로, 로마 카톨릭이 불교 신자로, 불교 신자가 퀘이커 교도로, 퀘이커 교도가 성공회 신자(에비스코벨리안)로, 성공회 신자가 재림파(미젤라이트)로, 재림파가 힌두교로, 힌두교도가 무신론자로, 무신론자가 심령설 신자로, 심령설 신자가 불가지론자(아구노스틱)로, 불가지론자가 감리파 신자(메도티스트)로, 감리파 신자가 유교 신자로, 유교 신자가 유니테리언으로, 유니테리언이 회교도로, 회교도가 구세군 병사로, 구세군 병사가 배화교 신자(조로아스티리언)로, 배화교 신자가 크리스천 사이엔티스트로, 그리고 또 크리스천 사이엔티스트가 물몬 교도로…… 왜 되지 않았는지 아는가?

YOUNG MAN : 그것은 선생님이 대답해 주시면 좋겠습니다.

OLD MAN : 이들 교파의 명칭이란 결코 학습이나 공부, 빛을 찾는 구도의 기록 같은 건 아닐세. 아이러니컬한 말일는지도 모르지만 대부분은 인간관계의 결과에 지나지 않는 것이네. 그러한 인간들의 국적만 알면 그 인간의 신앙 형태는 거의 틀림없이 알 수가 있네. 영국인이라면— 프로테스 탄트, 그리고 미국인— 이 또한 마찬가지지. 또 스페인, 프랑스인, 아일랜드인, 이탈리아인, 남 미인, 오스트리아인이 되고 보면 우선 로마 카 톨릭이었으며, 러시아인이라면— 그리스 정교, 터키인이라면— 회교도로 우선 안배되겠지. 그 런 까닭에 인간은 우선 그 장본인의 종교만 알 면 그 사나이가 더 빛을 찾고 싶어질 때 어떤 책 을 읽어야 할까, 반대로 또 만일 어쩌다가 찾고 있는 것보다 더 큰 광명이라도 만나게 되면 큰 일이니까 어떤 종류의 책을 피해야 할까, 그러 한 것까지 모두 알게 되네. 예를 들면 미국에서 말인데, 어떤 유권자가 어떤 정당 컬러(옷깃)를 달고 있는가만 보면 그 사나이의 인간관계건, 또 어째서 그 정치 신념을 몸에 붙였는가도 알 게 되네. 아니 그뿐이 아닐세. 자식을 찾아 어떤 종류의 신문을 읽고 있는가, 또 반대로 어떤 신 문을 특별히 기피하는가, 나아가서는 또 그 정 치적 지식을 넓히기 위해 어떤 대중 집회에 참 석하고, 또 참석하지 않는지 그런 것까지 정확히 알기 때문일세. 벽돌 조각까지 불쑥 내밀며 상대방의 주장에 반대하려고 든다면 이 녀석은 다르겠지만 우리는 흔히 진리를 찾는 구도 중이라는 등의 말을 하는 인간들을 보게 되지. 그런데 (영원의) 구도자 같은 인간은 우리가 아직 본 적은 없다네. 그런 인간이란 있은 예가 없는 게 아닌가. 다만 본인 자신이야(영원의) 구도자로써 임무를 맡고 있는 인간, 게다가 온 정성을 다하여, 진심으로 그럴 심산으로 있는 인간은 얼마든지 만난 일이 있네. 사실 그 구도의 태도는 참으로 열심이고 진지하여 한 점의 거짓도 없으며, 판단도 참으로 신중하고 논리도 정확하네. 그리고 그 결과는 자신이야말로 의심할 것도 없이 진리를 포착했다는 신념도 생길 것이네. 그런데 그걸로 결국 탐구는 끝장이네. 여생이란 말하자면 다만 지붕 널판 찾기의 이야기, 즉 그 진리와 비 새는 걸 방지하는 얘기뿐이네. 만일 그게 정치적 진리의 탐구였다고 한다면 말일세, 간단히 얘기지. 이 세상의 인간을 지배하는 그 많은 정치적 교전敎典의 어떤 것이나 두세 권만 읽어보면 나올 게 틀림없네. 참되고 유일한 종교를 찾는다는 것도 마찬가지지. 이 또한 시장에 얼마든지 나돌고 있는 기성 종교 가운데서 딱 발견하게 될 게 분명하네. 아무튼 그런 까닭에 말일세, 진리만 찾게 되면 탐구는 그걸로 끝나네. 그리고부터는 한쪽 손에 흙손, 한쪽 손에 쇠망치를 들고 비 새는 구멍을 찾아 땜질을 할 따름이라는 이야기고, 그 다음은 반대자를 상대로 한 논쟁 정도가 고작이라 할까. 아니 진짜 한때의 진리 탐구자라는 녀석이야 발에 걸릴 정도지. 그런데 영원한 탐구자라는 말을 들은 일이 있는가? 인간 본래의 성질로 보아 그러한 인간은 있을 수 있는 거야. 하지만 그건 어쨌든 이제 다시 한번 또 본론, 즉 훈련이라는 문제로 되돌아가겠는데, 원래 교육이란 것은 모두 형태는 다를지라도 밖으로부터의 영향의 결과에 지나지 않는가 보네. 그리고 거기에는 뭐니 뭐니 해도 인간관계라는 것이 대부분이네. 요컨대 인간이란 존재는 모두 외부로부터의 영향이 만들어내는 산물에 지나지 않지. 물론 때로 향상시키는 수도 있으며 타락시키는 수도 있지만 어쨌든 모두 외부로부터의 교육의 결과이네. 태어나서 죽기까지 끊임없이 계속해 그것들은 영향을 미치고 있네.

YOUNG MAN : 예를 든다면 어떤 인간이 말입니다. 인생의 우연이라고도 할까요. 그로 말미암아 어떤 나쁜 조건 하에 놓였다고 하면 선생님의 설에 의하면 이미 그 인간에게 구원은 없다 타락하는 수밖에 달리 도리가 없다는 결과가 되겠군요.

OLD MAN : 구원이 없다고? 이 카멜레온에게 구원이 없다고? 아냐, 그건 다르지- 인간이 카멜레온이라는 것이야말로 최대의 행운이 아닐까. 결국 그 서식지 재빨리 아니, 그 인간관계 말인데 그것만 바꾸어서 하면 되는 거야. 그런데 다만 그것을 바꾸고자 하는 충동, 이것이 또 외부로부터 올 수밖에 없는 거라네 - 분명히 생각하고 자발적으로 한다는 것, 이것은 인간으로선 불가능하지. 그렇긴 하나 때로는 실로 뜻밖의 우연이긴 하지만 때때로 그것이 그에게 동기의 충동을 제공하는 수도 있으며, 그 결과 새로운 이상, 새로운 인생으로 걸어 나가게 하는 수는 있네. 의외에도 그게 종자에 물을 주는 결과가 되어서 이윽고는 싹이 트고, 꽃을 피우고 깜짝 놀랄 만한 열매— 예를 들면 전장에서의 용감한 활동 같은 것으로 결과하는 수는 있겠지. 인류의 역사를 살펴보게나. 그러한 우연의 실례는 얼마든지 있네. 예를 들면 말일세, 어떤 우연한 일로 다리가 한 개 부러졌다고 하세. 그런데 뜻밖에도 그 일로 말미암아 무례하기 짝이 없는 한 군인의 마음에 갑자기 종교적 정열을 불러일으킨다. 그리고 새로운 이상을 심어 주기에 이르렀다면……저 예수회 교단의 발상은 참으로 이와 같은 우연의 발단으로부터 일어난 거라네. 그리고 그것은 2백 년 동안이라는 세월에 걸쳐 수많은 왕좌를 뒤흔들고, 정치를 변환시키는 참으로 놀라온 작용을 해 왔네— 앞으로도 그러겠지.(이상은 예수회의 창립자 익나티우스 드 로욜라의 실전. 사실 호방한 군인이었는데 30세쯤에 전장에서 다리에 부상을 입었다. 그는 병상에서 회심, 수도사가 되고 이윽고 예수회를 창립했다). 또 종종 한 권의 책, 아니 신문에 난 몇 줄의 기사를 읽은 것이 계기가 되어서 어떤 한 사람의 인간이 완전히 새로운 인생행로를 걷기 시작하여, 옛날의 인간관계를 일체 끊어버리고 그 새로운 이상에 알맞은 새로운 인간관계를 찾게 된 예도 있다네. 그리고 그 결과 그 인간은 완전히 인생의 삶이 달라져 버렸던 거지(이것도 실례가 있을 텐데 구체적으로는 생각이 안 떠오른다. 역주 : 어쩌면 작가 자신의 생애가 그런 게 아닐는지 …)

YOUNG MAN : 그럼 무언가 새로운 행동 원리라고 할까요. 그걸 좀 말씀해 주실까요?

OLD MAN : 새로운 게 아니지— 참으로 오랜 걸세. 인류와 더불어 함께 있어 온 거지.

YOUNG MAN : 그게 뭡니까?

OLD MAN : 말하자면 인간에게 올가미를 씌우는 것이랄까. 고원한 이상에 대한 이른바 동기의 충동이라고나 할까, 그러한 먹이를 건 올가미지. 그 팸플릿을 뿌리고 있는 사람들이 있을 것이네. 그게 그런 것이지. 흔히 선교사들이 하고 있는 그런 것도 그렇고.

YOUNG MAN : 설마?

OLD MAN : 그래, 어떤 의미에선 하고 있다고도 할 수 있겠고, 다른 의미에선 하지 않고 있다고도 할 수 있겠네. 예를 들면 말일세, 천연두의 환자가 생겼다고 하세. 그들은 환자들을 건강한 사람들로부터 격리시키네. 그런데 이것이 죄의 문제가 되고 보면 그들은 환자에게 건강한 인간들까지 다 함께 한 오두막집에 처넣어 버린다네. 바꾸어 말하면 참으로 초범이라는 인간이나 상습범이나 모두 함께 뒤범벅을 만들어 버리네. 만일 인간이라는 것이 본래적으로 선을 지향하는 것이라면 이래도 좋겠지. 하지만 인간이란 그렇지가 않네. 그래서 말인데, 그 인간관계란 것이 진짜 신출내기 초범이었던 자가 붙잡히기 이전보다도 도리어 더 악인으로 만들어 버리네. 이건 어느 쪽이냐 하면 오히려 무죄에 가까운 인간에게, 참으로 더욱 심한 형벌을 과한 결과가 되네. 예를 들면 사형의 경우인데, 이런 사람들에게는 형벌이란 대단한 게 아닐세. 그러나 그 때문에 가족들의 마음은 완전히 재기 불능케 되네. 형벌이라면 이쪽이 훨씬 심하다 하겠네. 그런가 하면 아내를 구타하는 남편을 감옥에 처넣고 편안하게 먹여 주고 있네. 그런데 죄도 없는 처자

쪽은 어떤가. 덕택에 굶어 죽을 지경이 되네.

YOUNG MAN : 도대체 선생님은 인간에게는 직감적으로 선악의 식별력이 갖추어져 있다고 하는 설, 이걸 믿으십니까?

OLD MAN : 그런 것이 아담에게는 없었지.

YOUNG MAN : 하지만 인간이란 건 그 후에 그것을 몸에 붙인 게 아닙니까?

OLD MAN : 그게 아니지. 무엇에 연유되지 않은 직감력이라는 것은 전연 없다고 생각하네. 관념, 인상이라는 것은 모두 외계로부터 얻기 마련일세. 거듭 말하지만 그런 것들도 자네로 하여금 좀 생각해 보라고 하고 싶기 때문이네. 내가 지금 하는 말이 진실인지, 거짓인지 자네 자신이 우선 관심을 갖고 관찰하고 검토해 줬으면 하네.

YOUNG MAN : 그렇더라도 선생님 자신은 어디서 그런 해괴한 생각을 받아들이게 되었습니까?

OLD MAN : 그야 물론 외부로부터지. 내가 발명해 낸 건 아닐세. 똑똑히 알 순 없지만 수천수만의 전거로부터 추론해 낸 결론이라네. 물론 주로 무의식으로 추론하고 판단한 결과지만.

YOUNG MAN : 그러면 선생님은 이런 것은 안 믿으시는군요—
즉 하나님은 선천적으로 의로운 인간을 만들 수
도 있었다는 사실을?

OLD MAN : 믿지. 그런데 실제로는 만들지 않았다는 것도
알고 있지.

YOUNG MAN : 하지만 선생님보다도 현명한 어느 인간 관찰자
가 '의로운 인간이야말로 하나님이 창조해 주신
최고의 걸작'(영국의 시인 포프의 『인간론』에 나오는 유명
한 말)이라는 말을 분명히 남겨 놓았으니까요.

OLD MAN : 그것은 사실의 기록이 아닐세. 거짓을 쓴 데 지
나지 않네. 말뿐으로 듣기는 좋을지 모르지만 사
실은 아니야. 신은 다만 정·부정 쌍방의 가능성
을 가진 인간을 창출해 냈다는 이야기에서 그걸
로 그쳤네. 옳은 사람이건 옳지 못한 사람이건
그 가능성을 키우는 것은 '인간관계'지. 그 결과
나름에 따라 옳은 인간도 되며 옳지 못한 인간도
되지.

YOUNG MAN : 옳은 인간이라고 해서 특별히 그럴 것까지
는……

OLD MAN : 칭찬할 만한 값어치가 없다는 얘긴가? 그렇고말

　　　고. 몇 번을 말해야 알아듣겠나? 결국 어떤 인
　　　간이 옳다고 하는 것은 그 인간이 옳은 것을 만
　　　들어 낸 건 없네.

YOUNG MAN : 그렇다면 인간은 모름지기 선행을 쌓아야 한다
　　　는 것을 교육을 하는 의미는 어디에 있으며 어떤
　　　유익이 있는 겁니까?

OLD MAN : 그것은 먼저 장본인 자신이 그것에 의해 굉장한
　　　이익을 얻게 되네. 이것이 첫째일세, 당자에게
　　　있어선 말일세. 다음에는 이웃 사람들에게 위험
　　　인물이구나 하는 생각을 제거해 주지. 아무에게
　　　도 위해를 가할 수 없네— 그러니까 이번은 그
　　　이웃 사람들이 그의 덕행에 의해 이익을 받게
　　　되는 거지. 그들에게는 이게 또 대단한 걸세.
　　　그렇게 되면 이 인생이란 것이 관계자들 모두에
　　　게 있어 아쉬운 대로 좋은 관계로 될 테니까. 그
　　　런데 그 반대로 교육을 게을리 하면 어찌되겠는
　　　가? 인간관계로 엮인 모두가 서로 끝없는 위
　　　험·재앙·경계의 대상이 될 테니 말일세.

YOUNG MAN : 선생님은 훈련, 교육이야말로 모두라고 말씀하
　　　셨습니다. 훈련이야말로 그 인간 자신이죠. 어

떤 인간을 바로 그렇게 존재케 하고 있는 것은 모든 교육의 결과 때문이라고 말씀하셨죠.

OLD MAN : 나는 훈련과 그리고 또 한 가지 어떤 다른 것이라고 말했었네. 그런데 그 다른 것은 잠시 뒤로 미뤄 두기로 하고 도대체 자네가 말하려는 것은 무슨 얘긴가?

YOUNG MAN : 우리 집에 늙은 하녀가 한 사람이 있습니다만 우리 집에 들어온 지 22년이나 됩니다. 그런데 그녀의 봉사 정신이란 여태껏 참으로 빈틈이 없었습니다만 최근에는 건망증이 심해져 버렸답니다. 물론 우리 모두가 그녀를 아주 좋아합니다. 건망증이 심하다는 결점은 있습니다만 그것도 나이 탓이라고 생각하면 부득이한 사정이므로 모두들 그것은 인정해 주고 있습니다. 그러니까 특별히 실수를 저질렀다고 해서 우리 식구 누가 크게 나무라거나 하지는 않습니다. 다만 이따금 나만이 그걸 못 참는답니다. 도무지 나도 억제가 잘 안 되기 때문이지요. 억제하려고 노력하지 않는 건 아닙니다. 그런데 오늘 아침도 그렇습니다만 제가 옷을 갈아입으려고 하자, 깨끗이 세탁해

놓은 것이 보이질 않지 뭐예요. 화가 발끈 났죠. 어쩐지 아침 치고는 너무 심한 신경질이 났지만 저는 재빨리 벨을 눌러 그녀를 불렀습니다. 그런데 곧바로 스스로에게 타일렀습니다. 신경질을 내선 안 돼, 친절하게 주의만 해 주면 좋지 라고 말입니다. 그런 까닭에 마음가짐만은 특별히 다지고 있었습니다. '제인, 세탁할 걸 잊었군요' 라고 하녀가 오면 해야 할 말까지 마음속으로 준비하고 있었습니다. 그런데 그녀가 막상 문을 열고 얼굴을 디밀자, 저의 입이 엉뚱하게 열렸죠. 물론 저는 방금 준비한 말을 할 생각이었습니다. 그런데 어쩐 일일까요, 나도 모르게 울컥하고 화가 치밀어 '너, 또 잊었군 그래!'하고 벼락같이 소리를 질러 나무랐습니다. 나도 생각지 못했던 신경질, 게다가 그것을 억제할 틈도 없었어요. 그러면 선생님은 이렇게 말씀하시겠죠. 인간이란 언제나 하는 일이 내재하는 주인을 더욱 더 만족시키는 행위로 결정된다고요. 하지만 그렇다면 맨 처음에 야단치거나 하여 그녀를 괴롭히면 안 된다고 마음에 준비까지 시킨 그 충동이란

것은 도대체 어디서 온 겁니까? 이것도 역시 내
재하는 주인, 언제나 우선 첫째로는 자신의 일만
을 생각한다고 말씀하신 그 주인으로부터 온 것
입니까?

OLD MAN : 물론이지. 어떤 충동이건 그것 이외의 원천으로
부터 나온 것은 절대로 없으니까 말일세. 제 2
차적으로는 그녀를 괴롭히지 않겠다고 마음다
짐을 했는지도 모르지. 하지만 제 1의적으로는
우선 무엇보다도 내재하는 주인을 만족시킴으
로써 그대 자신을 구하는 것이 목적이었음은 틀
림없네.

YOUNG MAN : 그건, 어떤 의미입니까?

OLD MAN : 묻겠는데, 자네 가족 중에 누군가가 신경질에
주의를 하도록, 그리고 그녀를 나무라지 말라고
야단치는 그런 어리석은 짓은 하지 말도록 곧잘
주의를 해 준 사람은 없는가?

YOUNG MAN : 그야 있습죠. 어머니십니다.

OLD MAN : 어머님을 자네는 사랑하고 있는가?

YOUNG MAN : 물론 사랑하고 있지 않겠습니까!

OLD MAN : 어머님을 기쁘게 해 드리기 위해서라면 어떤 일

이든 기꺼이 해야겠지 않는가?

YOUNG MAN : 그렇습니다. 어머니를 기쁘게 하는 것만이 저의 즐거움입니다.

OLD MAN : 그건 어째서인가? 단적으로 말해 어떤 대가, 즉 일종의 이익인데 그를 위해서만 그런 일을 하는 게 아닌가. 그런데 그러한 투자에 대해서 도대체 자네는 어떤 이익을 기대하고 있는가? 아니, 사실 받고 있다고 생각하는가?

YOUNG MAN : 저 자신에게 말입니까? 아무것도 없습니다. 어머니를 기쁘게 한다는 그것만으로 충분합니다.

OLD MAN : 그러면 아무래도 자네의 목적이란 것은 제 1의적으로는 그 하녀인지 누구인지의 고통을 도와주려는 게 아니라 우선 뭐보다도 어머님을 기쁘게 해 드리고자 하는 것이라 하겠네. 결국, 그것이야말로 자네가 투자로부터 받는 이익이라는 것이 아니겠는가? 그것이야말로 진실한 이익, 제1의 이익이라는 게 아니겠는가?

YOUNG MAN : 그럴까요? 하지만…… 계속해 주십시오.

OLD MAN : 결국 인간의 모든 행동에 대해 그 내재하는 주인이란 것은 말일세, 언제나 그대 자신이 우선

이익을 받는다는 것을 기대하고 있는 거네. 그렇
지 않으면 일체의 행동이란 있을 수가 없네.

YOUNG MAN : 그럼 저는 열정적으로 그 이익을 얻을 생각만
하고 있다는 말씀이시군요. 그런데 그 똑같은
내가 신경질을 부려 그것을 대금으로 치러 버린
것은 도대체 어쩐 연고에서일까요?

OLD MAN : 그거야 또 하나의 다른 이익을 얻고 싶어하는
생각 때문이겠지. 그런 마음이 갑자기 일어 가
치 면에서 앞의 것을 능가했을 따름이라는 이야
기지.

YOUNG MAN : 그런 게 어디 있습니까?

OLD MAN : 자네 본래의 기질의 배후에 숨어서 기회만 엿보
고 기다리고 있었다는 것이지. 결국 발칵 화를
내는 자네 본래의 기질이야. 그것이 갑자기 전면
으로 튀어나와서 그 순간 그 힘이 어머님의 영향
력을 압도했고 그것을 날려 보내 버렸다는 이야
기지. 그러니까 그 한 순간은 맹렬한 질책을 퍼
붓는 데만 정신이 팔려 아주 기분이 좋았을 거
네. 그렇지 않은가?

YOUNG MAN : 옳습니다. 실로 1초의 몇 분의 1이라는 찰나의

순간이긴 합니다만 확실히 그랬던 것만은 사실입니다. 그렇습니다. 아주 좋은 기분이었습니다.

OLD MAN : 그랬을 거야. 내 말이 옳을 걸세. 일순간이었는지, 그렇지 않으면 그 또 몇 분의 1일었는지 그건 잘 모르겠지만 아무튼 자네에게 있어서 최대의 기쁨, 최고의 만족을 제공해 주는 것, 그것만이 언제나 자네가 하는 행동이라는 걸세. 무엇이건 간에 내재하는 주인이 하고 싶어하는 당연한 일시적 기분, 그것을 우선 자네는 만족시키는 수밖에 없네.

YOUNG MAN : 하지만 하녀의 눈에 눈물을 머금은 것을 볼 때, 저는 자신이 한 일에 대해서 가능하다면 손 하나쯤 잘라 버리고 싶은 충동까지 느껴졌습니다.

OLD MAN : 물론 그렇겠지. 그러나 자네 손으로 자신을 상처 낼 수 있을까? 스스로 자신에게 고통을 가할 수 있는가 말일세. 어떤 인간에게나 중요한 건 과연 자신을 상처 입혔는가, 그렇지 않으면 이롭게 했는가 하는 그 결과만 따질 뿐이니까 말일세. 그 밖의 것은 전부 제 2차적인 것에 지나지 않네. 확실히 자네는 자네의 주인의 명령에 잘 순종했네. 그런데 그 주인은 자네에게 불만이 있었네. 그러기에 자네에게 즉각적으로 뉘우침을 요구했지. 그리고 자네는 또 그 뜻에도 순종했던 걸세. 물론 순종할 수밖엔 달리 도리가 없었겠지. 이 주인의 명령을 피하려 해도 그럴 방도가 없었으니까 말이야. 심한 변덕쟁이, 맹렬 주인이니까 말일세. 눈 깜짝할 사이에 마음이 변하는 까닭인데 그래도 자네는 즉각 순종하지 않으면 안 되네. 또 사실 언제나 그렇게 하고 있네. 만일 주인이 뉘우침을 요구하게 되면 그 주인의 만족을 얻기 위해서도 자네는 항상 그것을 제공해 주게 되네. 뭐라고 하면 좋을까, 말하는 방법이야 얼마든지 있겠지만 아무튼 달래고, 어르고, 응석을 받아 주어 어떻게 해서라도 만족시켜 주는 도리밖에 딴 방법은 없는 거네.

YOUNG MAN : 그럼 그 교육, 훈련이라는 건 도대체 어떤 효용이 있는 겁니까? 나나 어머님이나 그 하녀에게 마구 화풀이를 한다는 것, 절대로 다시는 하지 말자고, 열심히 교육해 온 거니까요.

OLD MAN : 그런데도 끝내는 신경질을 억제할 수 없었단 말
씀이군 그래?

YOUNG MAN : 천만에 말씀입니다, 억제해 왔습니다. 몇 번이
고 몇 번이고.

OLD MAN : 그럼 그런 현상이 지난해보다는 금년이 더 증가
했다는 말인가?

YOUNG MAN : 훨씬 더……．

OLD MAN : 그러면 지난해는 또 재작년보다 꽤나 좋아졌겠
네 그려.

YOUNG MAN : 그렇습니다.

OLD MAN : 그럼 짧은 2년 동안에 크게 발전한 게 아닌가?

YOUNG MAN : 그렇습니다, 확실히.

OLD MAN : 그럼 자네의 질문에 대한 대답은 이미 다 나온
셈일세 그려. 어떤가, 교육의 효과란 정확하고
분명히 나타나지 않았는가. 계속하게나. 착실히
계속하게나. 이미 효과는 나타나고 있으니까.

YOUNG MAN : 하지만 그 인간 개조란 것은 언젠가 완성되는
때가 있는 겁니까?

OLD MAN : 있고말고. 아무튼 자네로서의 한도까지는 말일
세.

YOUNG MAN : 저로서의 한도라면…… 어떻게 되겠습니까?

OLD MAN : 기억하고 있을 테지. 자네는 아까 이런 말을 했었네. 내가 뭔가 교육이라는 것이 전부라고 말하기라도 했던 것처럼 말일세. 그리고 내가 정정을 했었네. '교육과 또 한 가지 다른 것'이라고 다시 말해 주었었네. 그 다른 것이라는 것이 즉 기질, 자네가 태어나면서부터 갖고 있는 성질을 말하네. 이것만은 아무리 교육을 한다 하더라도 말살할 수 없다는 것이지. 다만 할 수 있는 것은 그것에 압력을 가해 잠깐 억제하는 것뿐이지. 자네는 아무래도 발칵 하고 신경질을 내는 그 성질을 못 고치지 않는가?

YOUNG MAN : 그렇습니다.

OLD MAN : 그러니까 본성은 절대 없어지지 않지. 다만 끊임없이 경계하며 억제하는 것만 할 수 있겠지. 그 기질이 있다는 사실, 그것이 곧 자네의 한계네. 그러니까 제 아무리 개조를 시도해 보았댔자, 완전히 고칠 수는 절대로 없네. 하지만 자네의 그 기질이라는 것을 언젠가는 자네가 때려눕힐 때가 있을 걸세. 완전에 가까울 정도까지. 자

네는 이미 대단한 발전을 이룩하고 있으니까. 그
래서 그것을 밀고 나갈 수 있을 걸세. 교육의 의
미는 있는 걸세. 대단한 거지. 이윽고 새로운 발
전 단계에 도달할 때도 있을 것이고, 그렇게 되
면 발전은 훨씬 수월해지겠지.

YOUNG MAN : 그렇다고 말씀드린다면요?

OLD MAN : 지금 자네는 야단치는 것을 억제했을 거네. 어
머님을 기쁘게 해 줌으로써 잇달아서 자기 자신
도 만족시키려는 계산으로 말일세. 그러는 가운
데 마침내는 자네의 그 기질에 이기는 것만으로
도 자네의 허영심을 기쁘게 해 주게 되네. 지금
은 다만 어머님에게 칭찬 받는 것만으로 만족감
과 기쁨을 느끼지만 그런 만족보다도 훨씬 기분
좋고 큰 것이 느껴지게 되기 마련이지. 그렇게
되면 어머님을 통해서라는 식으로 둘러서 하는
방법이 아니고 그대 자신 더욱 단적으로 직접적
으로 자신을 위해 노력하게 된다네. 이야기는
간단해지며 자네의 충동도 또 강화되겠지.

YOUNG MAN : 정말 그럴까요? 나 자신을 위해서가 아니라 순
전히 그 노파를 위해 그녀를 잘 돌봐 주는 단계

까지는 끝내 도달하지 못한다는 말씀입니까?

OLD MAN : 오, 노! 가게 되지. 가고말고. 다만 죽어서 하늘
나라에 가서겠지만.

YOUNG MAN : (잠시 동안 침묵 속에서 생각에 잠겼다가) 기질 말입니
다. 그 기질이란 것도 인정합니다. 인정하지 않
을 수는 없죠. 확실히 큰 인자니까요. 우리 어머
니는 화를 잘 내는 그런 타입의 여자는 아니고
인정이 매우 많은 여자랍니다. 저는 옷을 갈아입
고 어머님의 방으로 건너가 보았습니다만 어머
니는 안 계셨습니다. '어머니' 하고 불러 보니 욕
실에서 대답이 들려왔습니다. 그리고 물소리도
들렸습니다. 저는 다시 불렀습니다. 그러자 어
머니의 대답이 더 조심스럽게 들려오는 게 아니
겠습니까. 제인이 목욕 준비를 잊었으므로 지금
손수 탕 물을 담고 계시다고 말씀하셨습니다. 내
가 벨을 눌러 불러올까 하고 물으니 어머니는
'아냐, 됐다. 실수를 알게 되면 노파가 곤란해 할
테니까. 알리려면 야단을 쳐야만 하니 그건 결국
무리한 주문이 아니겠나. 기억력 감퇴가 죄지 노
파가 나쁜 건 아니잖아?'라고요. 네, 그래요. 이

것만 보아도 어머니의 가슴에 내재한 주인은 있는 것일까요? 있다고 하면 어디에 있는 겁니까?

OLD MAN : 그게 곧 주인의 목소리인 거야. 딱 그 속에 자리잡고 있어 그 자신의 평화, 기쁨, 그리고 만족을 찾고 있었던 걸세. 그 늙은 하녀의 슬퍼하는 모습은 분명 자네의 어머님을 괴롭힐 걸세. 그렇지 않았다면 재빨리 그 하녀를 불러 필시 그녀로 하여금 팔자타령을 하게 만들었을 걸세. 물론 나는 알고 있네. 당장에라도 그 늙은 하녀를 불러 세워 야단을 침으로써 그것에 의해 더 없는 기쁨을 느끼는 여자들이 현재도 있다는 것을 말일세. 그러니까 만일 그러한 여자라면 틀림없이 당장 벨을 눌렀을 테지. 그 점은 그녀의 성격 나름이랄까, 또 교육 나름이랄까, 착실히 그 법칙에 따랐다고 하겠네. 결국 그것이 그대로 내재하는 주인의 노예라는 거네. 그러므로 자네의 어머님의 관용은 아마 일부는 교육, 훈련으로부터 온 것이 틀림없네. 좋은 의미에서의 교육, 즉 그 최상, 지고의 기능이란 건 말일세, 그것이 그 가르침을 받는 자에게 어떤 만족감을 줄 때에,

덩달아 제 2차적이긴 하지만 주위의 다른 것에도 역시 어떤 종류의 좋은 효과를 미친다고 하는, 바로 그 점에 있으니까 그런 걸세.

YOUNG MAN : 그럼 선생님이 말씀하시는 그 인류 전체의 향상 플랜이란 것인데요, 그것을 무언가 하나의 교훈으로 정리한다고 하면 어떤 것이 됩니까?

훈 계

OLD MAN : 우선 자네의 이상을 보다 높게, 다시금 보다 높게 갖도록 노력할 일이네. 그리고 그 종착점은 스스로를 만족시킴과 동시에, 이웃 사람들과 널리 사회에도 선을 베푸는 행위, 그러한 행위 속에 그대 자신이 먼저 최대의 기쁨을 발견해 내는 경지를 지향할 일이네.

YOUNG MAN : 그게 새로운 교의입니까?

OLD MAN : 천만에!

YOUNG MAN : 그럼 전부터 말해 오고 있는 점입니까?

OLD MAN : 물론이지. 이미 1만 년 동안에 걸쳐서.

YOUNG MAN : 누가 말입니까?

OLD MAN : 아니, 모든 위대한 종교, 모든 위대한 복음은 그
렇게 가르쳐 왔지.

YOUNG MAN : 그럼, 새로운 것은 아무것도 없군요.

OLD MAN : 있지, 지금 비로소 솔직히 말한 걸세. 지금까지
는 전연 않았었네.

YOUNG MAN : 무슨 뜻입니까?

OLD MAN : 지금 내가 말하지 않았나? 그대 자신이 첫째이
고, 이웃 사람이니 사회니 하는 것은 둘째로 그
다음이라는 말일세.

YOUNG MAN : 네? 그거야 말했죠. 정말 그게 틀렸습니까?

OLD MAN : 솔직히 이야기하면 멀리 돌려 이야기하는 것과
의 차이지. 바꾸어 말하면 간단명료한 것과 세
밀한 것과의 차이이고.

YOUNG MAN : 그렇다면요?

OLD MAN : 다른 패거리들은 모두 여러 가지 뇌물을 써서
자네들에게 선행을 권장하고 있는 걸세. 그렇게
함으로써 자네들의 내재하는 주인을 우선 달래
고 만족시킬 필요가 있네. 그리고 그를 위한 게
아니라면 자네들은 무엇 하나 직접 자발적으로
할 수 없다는 것, 그것은 정확히 알고 있지. 그

런 탓에 거기에서 백 팔십 도 회전하는 거야. 이번에는 자네들에게 오로지 남을 위해서 적선을 베풀라고 요구하네. 오로지 우선 의무를 위한 의무를 다 하라느니, 자기희생의 행위를 하라느니 하고 요구하고 나오는 거네. 그런 까닭에 최초의 입장이란 모두가 마찬가지로, 인간의 속에 사는 절대 최고의 군주라는 건 인정하지. 그리고 우리 모든 인간은 그 앞으로 기어 다가가서 그 절대 군주에게 호소하는 거라고. 그런데 거기서부터 다른 거지. 다른 무리들은 모두 교묘하게 속임수를 써서 몸을 살짝 빗긴다네. 그리하여 방향을 획 돌리면 부정직하다고 할까, 모순이라고 할까, 참으로 비할 바 없이 비논리적이니 이야기지만 별안간에 그 호소방향을 바꾸는 걸세. 우리 인간의 제 2차적 힘이라고나 할까, 사실은 있지도 않은 힘에 대해 설득 작전을 펴 와서 마치 그것이 제 1차적인 힘이기라도 한 것처럼 받들어 올리는 걸세. 그런데 나의 훈계란 어디까지나 일관된 논리로 최초의 입장을 계속해서 지켜 나가지. 결국 나의 경우는 어디까지나 안에 있는 주인의 요

구를 첫째에다 놓고 절대 그로부터 벗어져 나가
지 않는다네.

YOUNG MAN : 그럼, 논의의 편의상 선생님의 입장도 인정합
시다, 즉 선생님의 프로그램도, 그 지향하는 목
적, 그리고 생겨나는 결과에서는 모두 마찬가지
여서, 말하자면 바른 생활 방법이었다고 하지요.
그런데 그렇다고 한다면 선생님의 그런 방법이
다른 사람의 것보다 더 위라는 점은 어디에 있습
니까?

OLD MAN : 많이 있지. 첫째로 거짓도 없으며 조금도 숨기
는 것도 없네. 가령 누군가가 만일 나의 프로그
램에 따라 가치 있는 바른 생활을 보낸다고 하
세. 그럴 경우 그는 그것을 재촉하는 주요한 진
실한 동기에 대해서 어느 것 하나 속는 일은 없
네. 그런데 다른 패거리들이 말하는 바를 보면
어떤가, 모두 그런 점에서 속고 있네.

YOUNG MAN : 그 점이 낫다는 말씀입니까? 저속한 동기로 높
은 생활을 보내는 것이 과연 낫다고 할 수 있을
까요? 다른 사람들의 경우는 모두가 훌륭한 높
은 이유를 가지고 높은 생활을 보내고 있다는

생각이 있으며, 그 아래서 그렇게 하고 있는 거니까요. 그 편이 낫지 않습니까?

OLD MAN : 어쩜 그런지도 모르겠네. 그런데 그렇다면 말일세, 같은 것은 옳지, 예를 들면 저 공작도 뭣도 아닌 주제에, 그래 그런 것은 문장관의 기록만 조사하면 곧 알 테니까 말일세. 자기만은 완전히 공작인 체 뽐내고 공작 못지않은 생활을 하고 있다. 공작 못지않은 어마어마한 귀족의 행차를 하는 등 행세를 하고 있는 무리들에 대해서도 그런 말을 할 수 있을 게 아닌가?

YOUNG MAN : 그리되면 그러한 무리들은 공작 못지않은 점을 보이지 않으면 안 되죠. 그 일은 돈을 엄청나게 많이 사용하여 가능한 한의 사회적 봉사, 즉 선행을 하지 않으면 안 되겠죠.

OLD MAN : 그런 일 같으면 꼭 공작이 아니더라도 할 수 있겠지.

YOUNG MAN : 과연 할 수 있을까요?

OLD MAN : 그렇게 되면 자네의 결론은 어찌되는지 알고 있는가?

YOUNG MAN : 어찌된다는 말씀인가요?

OLD MAN : 결국 반대측 입장과 똑같이 된다는 말이네. 그 무지한 공작이 스스로 자랑을 위해 대대적인 선행을 보이지. 상당히 저열한 동기이긴 하지만 특별히 주의하는 인간도 없으니까 변함없이 계속 하게 되네. 만일 진정한 동기 같은 걸 가르쳐 주면 돈주머니 뚜껑을 단단히 잠그고 선행을 그만 두게 될는지도 모르니까 말일세. 그런데 그대로 계속하게 놔두면 이 또한 도덕상 선행이 되지 않겠는가?

YOUNG MAN : 그렇게 해서 본인 스스로 남을 위해 적선을 하고 있다고 생각하고 있는 한, 그것은 그대로 무지한 대로 하게 놔두는 것이 가장 좋지 않겠습니까?

OLD MAN : 헌데 그것이야말로 상대론자의 입장이 아니겠는가. 말하자면 그 이익 배당이 적선이 되고 훌륭한 행위가 되는 한 거짓도 역시 괜찮다는 것이 그들의 사고방식이니까 말일세.

YOUNG MAN : 그러나 저는 이렇게 생각합니다. 선생님이 말씀하시는 사고방식, 인간의 선행이란 것은 무엇이건 먼저 선을 위해 선을 행하는 것이 아니고 첫째로는 자신을 위해 하는 거라고 말씀하시겠지만, 만일 그렇다고 한다면 누구도 선행 따위를 할 인간은 없지 않겠습니까?

OLD MAN : 자네가 요즘 무언가 선행을 한 일이라도 있단 말인가?

YOUNG MAN : 있습니다. 바로 오늘 아침에도…….

OLD MAN : 좀더 상세히 얘기해 줄 수 없을까?

YOUNG MAN : 사실은 제가 어렸을 때부터 돌보아 주셨고 한 번인가는 자기 생명의 위험을 무릅쓰면서까지 저의 생명을 구해 주신 흑인 노파가 계십니다만 어젯밤 그 할머니의 오두막집이 불타 버렸습니다. 오늘 아침에도 찾아와 울면서 작은 오두막집이라도 새로 지어야겠는데 돈을 좀 융통해 줄 수 없겠는가고 애원했습니다.

OLD MAN : 그래 빌려 주었단 말인가?

YOUNG MAN : 물론이죠.

OLD MAN : 돈이 있었기에 잘됐다고 생각했겠네 그려.

YOUNG MAN : 돈이요? 없었습니다. 그래서 저의 말을 팔았습니다요.

OLD MAN : 그럼 말이 있기를 잘했다고 생각했었겠네?

YOUNG MAN : 물론이죠. 왜냐하면 말이 없었더라면 그런 일이 불가능했을 거고, 그렇게 되면 어머니께서 샐리 할머니를 도와 드릴 방도를 찾게 될 테니까요.

OLD MAN : 자네는 지독히도 가난한 사람을 외면하지 않고 잘 도와준 일을 진심으로 기뻐할 테지?

YOUNG MAN : 그야 그렇습니다만!

OLD MAN : 그러면 자네…….

YOUNG MAN : 잠깐만 기다려 주십시오! 선생님이 말씀하시려는 의도는 알고 있습니다. 그러니까 뭐 일부러 물을 것도 없이 나 자신이 모두 대답할 수 있습니다. 그런데 그것들을 한 마디로 말해 본다면 확실히 저는 그 자선 행위가 저 자신에게 훌륭한 기쁨을 제공해 준다는 사실을 알고 했습니다. 다음에는 샐리의 마음으로부터의 감사와 기쁨이 또한 나에게 또 한 가지 기쁨을 제공해 주니까 했던 것입니다. 그리고 또 이로써 샐리도 재난을 면하고 행복해진다고 생각하면 그것이 또 내 마음을 행복으로 가득 차게 해 줄 것이라고 생각했기 때문에 했던 것입니다. 확실히 나 자신의 이익을 추구하는 것도 충분히 간파하고 인식한 위에 모든 일을 했던 것입니다. 이걸로 저의 자백은 끝났습니다. 말씀을 계속해 주십시오.

OLD MAN : 내가 말할 건 아무것도 없군 그래, 자네가 모두 말해 버렸으니까. 헌데 한 가지 물어보고 싶은 게 있는데 만일 자네가 한 가지에 매달려 그녀를 위해서만 했다고 하는 착각에 빠졌다고 가정해 보세. 그런 경우 자넨 과연 그 이상 강력하게 그녀의 급한 사정을 도와주고 싶은 마음이 생겼겠는가? 더욱 힘차게 마음을 다해 그런 일을 할 수 있었을 것 같은가?

YOUNG MAN : 천만의 말씀입니다! 저의 마음을 움직인 그 충동을 그 이상으로 강력하게, 그 이상으로 저항하기 어렵게 하는 동기는 없었습니다. 저로서도 가까스로 가능한 한의 일을 했던 것이니까요!

OLD MAN : 알았네. 어쩌면 자네도 눈이 좀 뜨인 것 같은데…… 그럼 다시 다음의 일을 꼭 알아두었으면 하는 생각이 드네. 어떤 인간 앞에 하고 싶은 일이 두 가지, 아니 열 가지, 스무 가지가 있다고 가정하세. 그 경우 그 가운데 특히 어느 한 가지를 우선해서 해 보고 싶다는 생각이 조금이라도 좋고 보다 강하게 그런 생각이 일었다고 하면 말일세, 틀림없이 그 인간은 그 일을 해버리지. 그것이 선이 됐건 악이 됐건, 그런 건 관계없네. 그것이 만일 선이라면 제 아무리 궤변을 다 동원해 속이려고 해본댔자 그 결과는 조금치도 그 충동의 강함을 더해 줄 수는 없으며, 또 그것을 해낸 데서 오는 희열과, 만족감을 눈곱만큼도 더해 줄 수는 없네.

YOUNG MAN : 그러면 선생님의 의견에는 그러한 인간의 마음에 있는 선행에 대한 충동이라는 건 비록 그 선행이 첫째로는 모두 제 2동기에서 하게 되는 것이지 제 1동기 때문에 하는 건 아니라는 환상을 떨쳐 버린대도 결코 저하하는 건 아니라는 생각입니까?

OLD MAN : 바로 그게 내 신념이라네.

YOUNG MAN : 그렇게 되면 그 선행의 존엄성이란 다소나마 떨어지게 된다고 생각되는데요.

OLD MAN : 가짜 존엄성이라는 게 있다고 한다면 확실히 그렇겠지. 그것을 떨쳐 버리게 될 테니까.

YOUNG MAN : 도덕가로서 해야 할 일은 무엇입니까?

OLD MAN : 지금까지 입 한쪽으로는 가르치면서 또 한쪽으로
는 부정해 온 듯했지만 앞으로는 공공연히 숨김없
이 가르치는 것이겠지. 결국 자기 자신을 위해 선
행을 하고, 그렇게 되면 이웃 사람도 또 반드시 그
결과인 혜택을 입는 건 같을 테니까. 우선 그런 식
으로 생각하고 큰 행복감에 잠기는 거지.

YOUNG MAN : 다시 말씀해 주십시오.

OLD MAN : 그러니 열심히 자네들의 이상을 향상시키도록
노력할 일이네. 그리고 스스로가 먼저 만족함
과 동시에 말일세. 그렇게 하면 반드시 자네의
이웃들과 사회에도 이익이 될 테니까. 그러한
행위에 확신을 갖고 최대의 기쁨을 느껴질 때까
지 지금 말한 그 이상을 더욱 높이 밀고 나아갈
일일세.

YOUNG MAN : 선생님의 견해란 어떤 사람의 어떤 행위이건
그것들은 모두 외적인 힘에 의해 생겨나는 것이
라는 말씀이시군요?

OLD MAN : 그렇지.

YOUNG MAN : 가령 제가 노상강도라도 하려고 결심했다고 하
면그것은 곧 나 자신이 그런 생각의 발의자가
아니라, 모두가 밖으로부터 온 것이라는 말씀입
니까? 예를 들면 어느 사나이가 돈을 만지작거
리고 있는 것을 제가 보게 되고 그래서 범행을
생각하게 되었다는 말씀이겠군요?

OLD MAN : 그 일만 그러겠는가? 물론 그런 일은 없지. 그
것은 다만 최후의 외력外力 ― 과거 몇 십 년 이상
을 계속해 온, 말하자면 무수한 예비적 영향력
의, 최후의 한 가지 예에 지나지 않네. 외력이라
고 말했지만 오직 한 가지만으로는 그 사나이에
게 여태까지의 교육과 완전히 역행하는 행위를
하게 할 만한 힘은 없네. 그 효과란 기껏해야 다
만 그 사나이의 마음을 새로운 방향으로 돌아서
게 하여, 그 후의 새로운 외력을 받아들이도록
마음의 문을 열게 할 뿐이라는 이야기지― 예를
들면 이그나티우스 로욜라의 경우가 그것일세.
그런데 이들 새로운 힘이 점차적으로 그 사나이
를 훈련해 나간단 말이야. 얼마 후에는 마침내
최후의 영향력에 힘입어 실제로 그 행위를 하게

되는 것이 그 새로운 성격으로 보더라도 당연한 점까지 도달하게 되겠지. 이건 모두가 이론이지만 더 알기 쉽게 말해 볼까. 여기에 지금地金덩어리 두 개가 있다고 치세. 이걸 가지고 오랫동안 올바른 수련으로 단련한 두 사람의 독지가의 성격을 대표시켜 보세. 그런데 지금 이 단단하고 정교한 물질을 파괴하고자 하는데— 자네라면 당장 어떤 힘을 가해 보겠는가?

YOUNG MAN : 스스로 생각해 보십시오, 무엇인지?

OLD MAN : 먼저 장시간에 걸쳐 분출 증기를 뿜어 내 볼까도 생각하는데 성공할까?

YOUNG MAN : 그건 안 되겠지요, 잘 모르겠습니다만……

OLD MAN : 왜 그런가?

YOUNG MAN : 금 같은 것이 증기로 부서지다니 당치 않은 말씀 아닙니까?

OLD MAN : 그렇구먼, 증기라는 것도 외력이지. 헌데 이 경우는 아무런 효과도 없네. 금 쪽에서 전연 무관심하니까 말일세. 따라서 금은 그대로 남지. 그런데 이번에는 그 증기에 역시 기화된 수은을 가해 보지. 그리고 금에다 뿜어대 보지. 어떻게 생각되는가? 곧 효과가 나올 것 같지 않은가?

YOUNG MAN : 아뇨.

OLD MAN : 그 수은이란 것에는…… 자아, 그것이 금 특유
의 성질, 즉 기질이랄까 경향이랄까, 그것 때문
에 금으로서도 무관심하고 있을 수 없게 되네.
우리로선 잘 모르지만 아무튼 금의 관심이 움직
이네. 하지만 단 한번만을 뿜어선 안 되지. 아무
런 변화도 일어나지 않네. 그런데 쭉 그걸 계속
해 가네. 그리고 먼저 1분을 1년으로 생각해 보
는 거지. 10분인가 20분, 즉 10년이나 20년이
라는 말인데- 그것을 계속하노라면 마침내 지금
이 수은에 침범 당해 가네. 금의 특질은 없어져
품질이 떨어지고 마지막에는 10년 20년 전부터
치아에도 쓰지 말자던 유혹에도 지게 되고 말지.
예를 들면 그 유혹을 이 손가락 한 개쯤의 압력
이라고 생각해 보세. 어떤 결과가 일어나리라고
생각하는가?

YOUNG MAN : 금은 산산이 부서져 버리겠죠. 알았습니다. 일
을 성취하는 것은 단 한 번의 외력이 아니라 오
랜 기간에 걸친 붕괴 과정 속에 있어 말하자면

최후의 힘이 그것을 한다는 말씀입니까? 알겠습니다. 저를 실제 강도질을 하게 하는 것은 그러한 단 한 번의 충동이 아니라 오래 계속돼 온 준비 충동의, 그 최후의 것이라는 거라고 하겠죠. 더욱 구체적인 이야기로 말씀해 주시겠습니까?

어떤 예화

OLD MAN : 알았네. 옛날 뉴잉글랜드에 쌍둥이 사내아이가 있었지. 둘 다 얼굴도 잘 생겼고, 성질도 좋고, 도덕심도 많아 참으로 흠 잡을 데가 없었다네. 교회학교에서도 아주 모범생이었지. 열다섯 살 났을 때, 조지는 포경선捕鯨船의 청소원 자리를 얻어 태평양으로 나가 버렸고 또 헨리라는 아이는 그대로 집에 남아 있게 되었네. 열여덟 살이 되자 조지는 평선원이 되었고 헨리는 동네에서 고등부 바이블 클래스(고등성경학교)의 선생을 하고 있었다네. 스물두 살이 되었어. 조지는 해상 생활이며 그리고 유럽, 홍콩 같은 항구의 선원

숙소에서 버릇이 되다시피 한 싸움질, 술버릇에
젖어 망나니가 되어 버렸다네. 결국 직장을 잃
고 몸은 못쓰게 되어 홍콩 변두리에서 빈털터리
신세로 절망에 빠져 있었지. 한편 헨리는 교회
학교의 교장이었다네. 스물여섯 살이 되니 조지
는 인제 완전한 부랑아로 전락해 있었고 헨리는
동네 교회 목사님이 되었네. 그런데 그 조지가
어느 땐가 귀국하여 헨리의 집에 손님 신세가
되어 있었다네. 어느 날 밤 일이었네. 한 사나이
가 지나가다가 그 옆 골목으로 들어갔지. 그러
자 헨리가 참으로 슬픈 듯한 웃음을 띠고 말했
네, '상대편에서야 특별히 악의는 없었을 테지만
저 사나이의 얼굴을 보면 그 때마나 나는 자신
의 이 지독한 가난이 참으로 뼈저리게 느껴졌었
지. 왜냐하면 그 사나이가 언제나 굉장히 많은
돈을 몸에 지니고 다니거든. 밤마다 이곳을 꼭
지나간다고'라고 말일세. 이 한 마디 말만으로,
즉 이 외적 영향력만으로 조지는 충분했었네.
아무도 몰래 길목에 매복해 있다가 그 사나이가
오기를 기다렸다가 마침내 강도질까지 하게 되

었는데, 그 한 마디가 그렇게 시킨 건 아니지 않
겠는가. 다만 11년 동안 쌓이고 쌓인 그러한 힘
의 총 결집이 그렇게 만든 데 지나지 않는데, 말
하자면 오랜 기간에 걸쳐 태내에서 준비되고 있
던 행위가 때마침 실행으로 튀어나온 것이라고
하겠지. 강도 같은 행위는 헨리의 경우 전에 한
번도 꿈속에서도 떠오른 적이 없었네. 즉 그의
경우 금은 언제나 청정한 증기에만 적용되어 왔
는데 그와 반대로 조지의 금은 말하자면 끊임없
이 수은 증기로 쪄내기만 했던 거지.

5.

재설 인간 기계론

注 : 예를 들면 미세스 W라는 사람이 다음과 같은 의문을 갖는다
고 하자. 즉 세상의 이른바 억만장자라는 자는 한편으로는
한 사람의 인간이 그 날의 빵마저 모자라 고통을 받고 있는
데도 왜 대학이나 박물관이라고 말만 하면 설령 1 달러일지
라도 기꺼이 기증하는 것일까 하고. 그런데 거기에 대한 대
답은 그녀 자신이 하고 있는 것이다. 가난한 사람들에 대한
그녀의 사고방식은 자선, 선행이라는 것에 대해 그녀에게 어
느 한 가지 있는 것을 분명히 보여 주고 있다. 따라서 그녀는
부호에게도 또 어떤 한 가지 기준을 갖는 특권이 있다는 것

을 인정하고 있는 것이다. 게다가 분명히 그녀는 상대인 부호가 그녀 자신의 기준을 채택할 것을 요구하고 있는 이상, 동시에 또 그것에 의해 그녀도 그의 기준을 채택하고 있는 것을 자기 자신에게 요구하고 있는 결과가 된다. 인간이란 남의 기준을 비판 검토할 때, 반드시 아래를 본다. 위를 향하고 검토해야만 되는 기준은 절대로 보려고 하지 않는 것이다.

인간 기계론

YOUNG MAN : 인간은 기계에 불과하다는 말을 선생님은 진정으로 받아들입니까?

OLD MAN : 그렇지.

YOUNG MAN : 그리고 또 인간의 마음이라고 말들 하지만 결국 그것은 자동 기계 같은 것이어서 컨트롤 따윈 일체 불가능하다 — 그건 그것만으로 제멋대로 생각하는 것이라고 말할 수 있지 않겠습니까?

OLD MAN : 그렇지. 확실히 마음이란 것은 깨어 있는 한 참으로 잘 작용하네. 한 순간의 휴식도 없이 잘 작용하지. 이러한 경험이 자네에겐 아마 없겠지? 밤새껏 이리 뒤척 저리 뒤척 하면서 어쩐지 좀 마음 편하게 쉬어 봤으면— 조용히 잠을 좀 자 봤으면 원하는 경우라든지, 아니 그 뿐만 아니라 엄하게 명령까지 했던 그런 경험은 없는가? 아마 마음이라는 것이 자네가 말하듯이 자네의 심부름꾼이라면 뭐든 잘 순종해야지— 이렇게 생각하라고 명하면 그대로 생각할 것이며, 그만 정지하라면 딱 멈춘다는 그런 식으로 자넨 생각하고 있을 게 아닌가. 그런데 사실은 그렇지는 않아. 마음이라는 것은 작용하고 싶다고 생각하면 이것은 일순간이라도 쉬게 할 순 없지. 아무리 머리가 좋은 인간이라도 말이야. 만일 인간의 도움이 뭔가 필요하다고 하면 다만 아침에 일찍 일어나서 기껏해야 일거리 주기를 기다리고 있는 정도일 테지.

YOUNG MAN : 글쎄, 그럴 거예요.

OLD MAN : 그런데 사실은 그렇지가 않네. 마음 쪽에선 천천히 인간들이 일어나서 힌트 같은 걸 제공하기도 전에 척척 활동을 시작해 버리네. 예를 들면 인간이 '좋아, 한번 잠에서 깨면 재빨리 이러이러한 문제들을 생각해야지'라고 생각은 하면서

잠든다고 하세. 그런데 결과는 실패일 걸세. 마음이 훨씬 기민하기 때문이지. 가까스로 반쯤 눈을 뜨고 일어날 무렵에는 이내 마음은 부지런히 활동을 시작하고 있지. 게다가 완전히 다른 생각을 말일세. 한번 실험해 보게나.

YOUNG MAN : 그렇게 하려고 마음만 먹으면 어떤 일을 계속적으로 생각토록 할 수는 있겠죠.

OLD MAN : 그것도 안 될 거네. 만일 마음이 또 다른 것을 생각하고 싶어한다면 말일세. 결국 마음이란 건 원칙적으로 머리가 좋은 인간의 말이건 머리가 나쁜 인간의 말이건, 일단은 긍정을 않네. 일체의 설득이라는 것을 거부하는 것이지. 머리가 나쁜 녀석이 하는 말은 그저 지루할 뿐이므로 마음은 아득히 먼, 꿈과 같은 공상으로 나래를 편다네. 반대로 머리가 좋은 녀석이 말하면 과연 어떤 종류의 자극적 발상은 제공해 주므로 얼마 동안은 그것을 따라가겠지만 얼마 안 가서 말을 한 장본인의 일도, 또 그 이야기 내용도 곧 잊어버리고 마네. 마음에서 거닐고 싶어지면 인간의 힘으로 그걸 중지하는 것은 도저히 불가능하지. 주인은 마음이지. 자네가 아니니까.

그리고 며칠 후

OLD MAN : 다음은 꿈에 대한 것인데— 아무래도 그 문제는
다음에 또 검토하기로 하고…… 그보다 자네는
이런 경험이 있는가? 마음을 향해 자네가 명령
을 발하기까지 꾹 기다리라고— 명령이 없는 한
제멋대로 생각하거나 해서는 안 된다고 그렇게
명령해 본 적이 있는가?

YOUNG MAN : 해보긴 했습니다. 아침에 일어나면 명령을 내
릴 테니까 당장 받아들이도록, 딱 정신을 차리
고 기다리라고, 그렇게 명령해 보았습니다.

OLD MAN : 순응하던가?

YOUNG MAN : 제가 일어나기를 기다리지도 않고 무언가 제멋
대로 생각하곤 하던데요. 그리고 또 선생님도 말
씀하셨듯이 밤에 잠자리에 들기 전에 어떤 테마
를 제시해 주었습니다. 그리고 아침이 되면 그것
을 생각하라고 부탁했습니다. 그리고 그 문제만
을 생각하고 다른 문제는 전연 생각해선 안 된다

고, 이것도 엄격히 명령해 두었습니다만⋯⋯.

OLD MAN : 말한 내용을 긍정하던가?

YOUNG MAN : 아뇨.

OLD MAN : 그런 실험을 몇 번쯤 해 보았는가?

YOUNG MAN : 열 번쯤은.

OLD MAN : 그 성공률은?

YOUNG MAN : 제로입니다.

OLD MAN : 어떤가? 내 말이 옳지. 마음이란 것은 말일세, 인간으로부터는 독립하고 있는 거예요. 마음을 지배하다니, 그런 게 가능할 리가 없지. 마음이란 녀석은 자기가 좋아하는 대로 자유로이 움직이는 것이라네. 자네의 의향과는 상관없이 무엇을 생각하는지를 알지 못하고, 또 자네의 생각 따위는 개의치 않고 제멋대로 생각을 계속해 나가는 수도 있지. 그런 한편 또 내던지는 것도 역시 제멋대로 일세. 자네의 의향 따위와는 완전히 담을 쌓고 말일세. 즉 완전히 인간에게서는 독립하고 있네.

YOUNG MAN : 네, 계속해 주십시오. 무슨 구체적인 예증이라도⋯⋯.

OLD MAN : 자네는 체스(서양장기)를 둘 줄 아는가?

YOUNG MAN : 일주일 전에 배웠습니다만.

OLD MAN : 그 첫 날밤에 자네의 마음은 밤새껏 계속 게임
이 진행되어도 아무렇지도 않던가?

YOUNG MAN : 아뇨. 있었죠.

OLD MAN : 결국 자네의 마음이란 녀석이 싫증을 모를 만큼
열중해 있었던 거로군. 신선 노름에 도끼자루
썩는 줄 모른다는 말처럼 말일세. 자아, 이제
게임 그만 치우고 어서 자게 해 달라고 부탁하
진 않던가?

YOUNG MAN : 그렇습니다. 그런데 마음에선 아무래도 즐겨하
지 않습니다. 여전히 계속하고 있을 판국이니까
요. 완전히 지쳐 버렸습니다. 아침에 잠을 깼을
때도 진짜 정신이 멍하더군요.

OLD MAN : 자네는 언젠가 참으로 바보 같은 게임이지만 라
임 징글놀이에 열중해 본 적이 없는가?

YOUNG MAN : 있습니다.

I saw Esau Kissing Kate, And she saw
I saw Esau; I saw Esau, he saw Kate,
And she saw

라든가, 뭔가 하는 그런 것들이었죠. 저의 마음이 골똘해 있던 적이 있습니다. 저 자신은 어쩐지 그만 두었으면 하고 생각하고 있었습니다만 마음이란 것이 겨우 일주일 동안인데도 자나 깨나 그것만을 중얼거리고 있으니까 말입니다. 이거 어떻게 잘못된 게 아닌가 생각했었습니다.

OLD MAN : 그 새 유행가란 건?

YOUNG MAN : 네. 그것 역시나 있었습니다! In the Sweet By and By 등등 그런 것들일 겁니다만, 그 귀가 솔깃해지는 듯한 멜로디를 가진 새 유행가라는 것을 밤이나 낮이나, 자나 깨나 머릿속으로 부르곤 해서 몹시도 곤란했던 적이 있습니다. 아무리 마음을 먹어도 마음이 승복을 하지 않더군요.

OLD MAN : 자고 있는 동안이나 깨어 있는 동안이나 그랬단 말이군. 결국 마음이란 완전히 독립한 존재인 걸. 주인이란 자네하고는 아무런 관계도 없어. 허긴 완전히 다른 존재이니까. 노래도 부르며 체스도 두지. 하고 싶은 건 아무거나 제멋대로

하고, 자고 싶으면 자고…… 참으로 재미있고
복잡한 꿈까지 엮어 내 주지. 자네의 도움이나
지시 따위는 조금도 필요로 하지 않네. 그러니
까 자나 깨나 그런 것에는 고개도 돌리지 않지.
아마 자네는 생각했을 테지. 나에게는 사고라고
하는 창출해 내는 힘이 있다고. 그리고 그런 힘
이 있다고만 진짜로 믿고 있었던 게 아닌가.

YOUNG MAN : 그래요. 확실히 그렇게 생각했습니다.

OLD MAN : 자네에게 마음이 짜내는 꿈의 아이디어 같은 걸
창출해 내어 그것을 마음에 받아들이다니, 도저
히 그런 것이 가능할 리가 없네.

YOUNG MAN : 그렇습니다.

OLD MAN : 그리고 마음이 스스로 꿈의 아이디어를 창출해
냈다고 하세. 그런 다음 그 순서, 절차를 지도하
려고 생각해 봤댔자, 이것 역시 안 되네.

YOUNG MAN : 그렇습니다, 안 됩니다. 그런 건 누구나 안 되
는 거 아닐까요. 그런데 그건 그렇고 깨어 있을
때의 마음과 꿈속에서의 마음과 도대체 이것은
같은 기계가 아닌가요?

OLD MAN : 아무래도 그런 것 같군. 우리는 대낮에도 두서

없는 엉뚱한 생각을 하게 되는 일이 가끔 있지.
마치 꿈속에서와 같은 여러 가지 생각들을 말일
세.

YOUNG MAN : 그렇습니다. 예를 들면 저 웰즈가 창출해 낸,
스스로가 자신을 투명하게 비쳐보는 약을 발명
했다는 인간처럼 말입니다.(영국의 작가 H·G·웰즈
를 말함. 이 한 구절은 그의 초기 공상과학소설의 하나인 『투명
인간』〈1897〉에 대한 언급임) 그리고 또 저 『아라비안
나이트』 말입니다.

OLD MAN : 그런데 한편 조금도 황당무계하지 않은 참으로
단순하고 초지일관하여 합리적인 꿈이라는 것도
있지 않는가?

YOUNG MAN : 있습니다. 저 자신도 그런 꿈을 꾸었으니까요.
실생활과 조금도 다름없는 꿈이었어요. 분명히
다른 개성을 지닌 인간이 몇 사람인가 연출을
했습니다. 모두가 제 마음의 창조물에 틀림없을
테지만 그래도 모두 저에게 있어서는 완전히 새
빨간 남들뿐이었습니다. 천한 인간도 있고 훌륭
한 인간도 있었으며, 똑똑한 놈도 있고 어리석
은 놈도 있었죠. 그밖에도 잔인한 인간, 다정하
고 친절한 인간, 몹시 떠들기를 좋아하는 인간

도— 그런가 하면 항상 조정역을 맡고 나서는
인간, 노인도 있고 젊은이도 있었으며, 예쁜 아
가씨도 있고 마음씨가 나쁜 사람도 있는 등, 참
으로 가지가지이죠. 게다가 모두들 각각의 개성
적인 이야기들을 하여 정확한 성격의 특징도 보
이고요. 굉장한 싸움을 벌이는가 하면 참으로
심한 욕지거리들이 오고 가기도 하죠. 또 그러
는가 하면 달콤한 사랑의 밀어도 흐르죠. 비극
도 있으며 희극도 있죠. 가슴을 때리는 슬픈 애
기도 있으며 내뱉듯 하는 언동도 나오죠. 결국
모든 것이 현실 생활 그대로예요.

OLD MAN : 그거야 그 연극을 창출해 낸 것이, 나아가서는
그것을 일관하여 잘 발전시켜 더욱 더 연극답게
보이고 있는 것은 역시 자네의 꿈꾸는 마음이라
는 걸세. 더군다나 그것에 관해서는 특별히 자
네로부터의 도움, 힌트가 있었던 게 아니겠는
가?

YOUNG MAN : 그렇습니다.

OLD MAN : 그게 좋은 증거일세. 마음이란 주간에 깨어 있
을 때도 같은 짓을 해 보이는 일이 있다는 증거

지. 자네의 아무런 도움이나 힌트 같은 게 전연
없었단 말이겠지. 그래, 나도 그렇게 생각하네.
결국 어떤 경우에라도 주역은 모두 같은 낯익은
마음이라는 증거야. 자네의 도움 같은 건 절대
로 요구하지 않네. 마음이란 녀석은 어디까지나
기계, 완전히 독립한 자동 기계라네. 한데 자네
는 언젠가도 말한 또 하나의 실험 말일세, 해 봤
는가?

YOUNG MAN : 어떤 실험 말씀인가요?

OLD MAN : 아, 그 실험 말일세— 즉 자네 자신이 자네의 마
음에 대해 어디까지 영향을 미치는가를 테스트
하는 그 실험— 했는지 안 했는지 그건 모르지
만.

YOUNG MAN : 네, 안 해 봤습니다. 먼저 시험 삼아 두 개의
글귀를 눈앞에 놓았었죠— 하나는 참으로 따분
하고 재미없는 구절이었으며, 또 하나는 좀 흥
미진진하다고나 할까요, 가슴이 울렁거리는 글
귀였습니다. 그리고 저는 우선 자신의 마음을
향하여 명했습니다. 그 따분한 쪽으로만 온 정
신을 집중해 보라고 말입니다.

OLD MAN : 어떻던가? 말한 것을 잘 받아들이던가?

YOUNG MAN : 아뇨, 안 되더군요, 단연코 안 되었습니다. 다른 한쪽으로만 마음이 쏠려서요.

OLD MAN : 어떻게 말한 것을 좋아하게 되도록 노력은 해 보았는가?

YOUNG MAN : 해 보긴 했습니다. 가능한 한 최선을 다했습니다.

OLD MAN : 그럼 아무리 흥미를 갖게 하려고 해도 끝내 거부하고 듣지 않았다는 그 글귀란 어떤 것이었지?

YOUNG MAN : 이런 질문하는 글이었습니다만, 즉 A는 B에게 1달러 반의 빚이 있다. 또 B는 C에게 2달러 75센트, C는 A에게 35센트 이렇게 제각기 빚이 있다. 그리고 또 D와 A는 E와 B에 대해 16분의 3—아니 이미 그 뒤는 다 잊어버렸습니다만 아무튼 재미있다고는 말할 건덕지가 없는 것만은 확실합니다. 아무리 타일러도 저의 마음은 한 번에 30초도 견디지를 못했습니다. 곧 다른 하나의 방향으로 날아가 버리곤 합니다.

OLD MAN : 그럼 그 또 하나의 방향이란?

YOUNG MAN : 사실은 아무것도 아닙니다.

OLD MAN : 그런데 그 내용은 무언가?

YOUNG MAN : 사진입니다.

OLD MAN : 사진? 자네의 사진?

YOUNG MAN : 아뇨. 그녀의 사진입니다.

OLD MAN : 거, 자네 참으로 단적인 좋은 테스트를 해 보았군 그래. 그밖에 또 무언가 해 보지 않았는가?

YOUNG MAN : 해 보았습니다. 한 가지는 어떤 조간신문을 가지고 돈육豚肉,시황市況에 관한 기사에 주의를 집중하도록 마음에 명령해 보았습니다. 그와 동시에 이것은 또 저 자신의 16년 전의 어떤 경험, 그것도 아울러 연상시켜 주었습니다. 그런데 어쩐 일일까요. 마음이란 녀석이 돈육에 관해서는 일체 생각하려 들지도 않고 다만 오래 전의 그 경험에만 열중해 있었습니다.

OLD MAN : 그 경험이란 어떤 것이었지?

YOUNG MAN : 그건 흉기를 든 어느 폭한에게 제가 뭇 사람의 환시 속에서 옆얼굴을 한방 얻어맞았던 것입니다. 그 일을 생각하면 지금도 화가 나서 살인이라도 저지를 것 같은 분통마저 느껴집니다.

OLD MAN : 모두가 좋은 테스트이군. 정말 잘했네. 그런데 자네는 또 다른 한 가지, 이것도 내가 말해 준 실험인데 해 보았는가?

YOUNG MAN : 그거 말씀이시군요. 그러니까 제가 만일 제 마음을 제 멋대로 방임해 둔다면 마음이란 녀석은 얼마든지 스스로 생각할 재료는 발견해 내죠. 저의 쓸데없는 참견 따윈 일체 필요로 하지 않죠. 그리고 결국은 마음이라는 것이 하나의 기계, 게다가 밖으로부터의 힘으로 작동되는 자동 기계에 불과하다는 사실을 증명해 줄 겁니다. 결국 마음이란 건 누군가 다른 사람의 두개골 속에 있는 것이나 다름이 없을 만큼, 말하자면 그만큼 독립적인 존재라고 말씀하셨던 그 일 말씀이죠?

OLD MAN : 옳네.

YOUNG MAN : 그거라면 해 보았습니다. 마침 아침에 면도를 하고 있던 때였습니다. 그 날 밤은 잠을 아주 잘 잤기에 마음이 비할 데 없이 상쾌했었습니다. 오히려 들뜬 기분이라고 해도 좋을 만큼 말입니다. 아득히 먼 옛날 어렸을 적의 일을 갑자기 회상했습니다. 형용할 수 없는 그 즐거운 추억에 하늘을 날 것만 같았습니다. 아니, 그 계기란 참으로 아무것도 아니었답니다. 마침 그 때 문득 보니 뜰의 담장 위를 노란 고양이 한 마리가 살살 기어가고 있질 않겠습니까. 우연히 그 녀석이 노랑 고양이였기에 뜻밖에도 옛날 어느 고양이의 일을 회상했었습니다. 그 고양이는 강대상 곁의 층계를 걸어갔습니다. 그런데 어찌된 일인지 갑자기 큰 파리잡이 끈끈이 테이프를 밟아 버렸어요. 그래서 네 다리가 다 떨어지지를 않지 뭡니까. 그로부터 안달복달, 뒹굴곤 했죠. 그렇다고 하여 뾰족한 대책이 있었겠습니까. 안달을 하면 할수록, 허우적거리면 거릴수록 울음소리만 높아졌지요. 그래서 예배고 뭐고 드릴 수가 없었죠. 회중은 모두 허리를 잡고 폭소를 터뜨린 끝에 눈물을 흘리고 있는 무리들마저 있었습니다. 저는 끝까지 지켜보았습니다만 그 눈물을 보자 갑자기 먼 옛날 아주 슬펐던 어떤 장면이 떠올랐습니다. 그건 저 티에라 델 페고(예의 마젤란해협을 형성하고있는 남쪽의 큰 섬)에서 있었던 일인데 발가숭이

커다란 토인 남자 한 사람이 그의 어린 아들을 아주 사소한 잘못을 저질렀다고 돌밭에다 때려 눕혔던 거예요. 저는 다윈의 마음이 되어(물론 찰스 다윈을 말함. 이 이야기는 그의 『비글號 항해기』제10장에 나온다) 그 광경을 바라보고 있었습니다. 가엾게도 그 애의 어머니는 다 죽어가는 아이를 안더니 품 안에 꽉 껴안고 소리 없이 울고 있는 것이었습니다. 하지만 저의 마음은 언제까지고 그 검은 나체의 어머니와 함께 울고 있었을까요? 천만에요 — 저의 마음은 곧 그 먼 광경으로부터 떠나 셔츠 하나만 걸치고 어쩔 바를 몰라 하면서 응접실 안을 이리저리 도망쳐 다니는 꼬락서니랍니다. 주위에는 아주 잘 차려 입은 신사 숙녀들이 가득히 늘어서서 제 흉한 꼬락서니를 바라보고 있습니다. 그리고 저 자신은 도대체 어째서 이런 곳에 있는 건지 전연 알지를 못합니다. 그런데 어쨌든 그러한 장면, 그런 정경이 차례차례로 전개되어 나온답니다. 뭐, 저 자신이 그것들 재촉하는 것은 아니죠. 저의 마음이 제 멋대로 창출해 낸 겁니다. 흘러가듯이 변하며 사라져 가는 파노라마 시간으로 따지면 기껏해야 15분쯤의 사이

　　　　　　일 겁니다만, 그 동안에 저의 마음이 창출해 내
　　　　　　어 보여 주는 무수히 많은 영상군映像群이란 지금
　　　　　　도 설명했지만요, 일일이 이름을 들자면 어림잡
　　　　　　아 두 시간은 걸릴 겁니다.

OLD MAN : 그렇겠지. 인간의 마음이란 건 제멋대로 하도록
　　　　　　내버려두면 인간의 도움 같은 건 전연 필요로 하
　　　　　　지 않는 걸세. 그러나 다만 어느 한 가지 경우뿐
　　　　　　인데, 만일 자네가 그렇게 바라기만 한다면 마
　　　　　　음으로부터 그 도움을 빌 수 있는 가능성도 없지
　　　　　　는 않네.

YOUNG MAN : 어떤 경우입니까?

OLD MAN : 예를 들면 자네의 마음이 차근차근 문제를 더듬
　　　　　　어 나가다 어느 순간 앗 하고 무언가에 부딪친
　　　　　　다고 하세. 그렇게 되면 자네는 입을 열어 그걸
　　　　　　말로 바꾸던가—그렇지 않으면 또 펜을 잡아 문
　　　　　　자로 만들게 되겠지. 그건 당연히 자네의 마음
　　　　　　에도 관심을 품게 하고 주의를 집중시키게 되
　　　　　　지. 마음 가는 데까지 그 문제를 추구하게도 될
　　　　　　걸세. 마음은 부풀어 저절로 말이 생겨 나오게
　　　　　　되겠지.

YOUNG MAN : 하지만 그 내용이란 건 저 자신이 말하고 있지
않습니까?

OLD MAN : 그런데 그런 여유 같은 게 없는 경우가 있네. 그
대 자신이 잘 모르고 있는 가운데 말이 먼저 튀
어나오지.

YOUNG MAN : 예를 든다면 어떤 것입니까?

OLD MAN : 기지(위트)의 번뜩임이라고나 할까— 이른바 그
레파티(재치 있는)한 문답이란 거지. 바로 기지가
번뜩였다고 해도 좋을 걸세. 즉각 지체 않고 나
오지. 말을 정리할 틈 같은 건 전연 없네. 생각
할 틈도, 반성할 틈도 없네. 이 기지의 번뜩임이
라는 건 모두가 자동 작용, 외보로부터의 도움
따위 필요로 하지 않네. 이 기지의 작용이 없는
한 제아무리 공부하거나 생각을 짜내거나 해봤
댔자 이렇다 할 성과는 나오지 않네.

YOUNG MAN : 결국 인간이란 것에는 창조의 능력은 없군요.
창조는 '무'라고, 정작 그렇게 생각하고 계십니
까?

사고思考라는 것

OLD MAN : 그렇지. 인간은 다만 지각知覺할 따름의 동물. 지
각된 것을 자동적으로 결합하는 것은 결국 그 두
뇌라고 하는 기계지. 그것뿐이란 말일세.

YOUNG MAN: 증기 기관 같은 것이라고요?

OLD MAN : 그렇지. 그런데 그것을 발명하는 데 몇 십 명이
라는 인간이 백 년간이나 걸렸잖은가. 발명이라
는 것의 한 가지 의미는 발견이네. 나는 그런 의
미에서 이 말을 사용하네. 무수하다고 말해도 좋
을 정도의 부품을 그들은 조금씩 발견하고, 응용
하여 결국 완전한 기관을 만들어 내지. 증기를
꽉 가두어 두면 주전자 뚜껑을 들어 올리는 힘이
있다는 사실에 와트가 먼저 착상을 한 거지(제임
스 와트 스코틀랜드 태생. 그가 처음으로 증기기관을 만들어 특
허를 얻은 것은 1769년이었다.) 그러나 특별히 그런 생
각을 창조한 건 아닐세. 그저 그 사실을 발견했
던 것에 지나지 않네. 그런 것쯤 우리 집 고양이
라도 몇 백 번이고 깨달았을는지도 모르네. 그리
고 그 주전자로부터 그는 실린더라는 것으로 생
각을 발전시켰네— 들어 올리는 뚜껑으로부터
그 피스톤 봉棒이라는 것을 고안해 낸 거지. 그렇
게 되면 다음은 그 피스톤 봉에 그것에 의해 움

직여지는 무언가를 붙이기만 하면 된다는 것이
니 간단한 이야기 아닌가— 그것이 즉 크랭크라
고 하는 차바퀴였지. 이리하여 비로소 가동하는
기관이 생겼네. (그러나 이것뿐이라면 그 백여 년 전에 우
서터 후작이 이미 했었다.)그런 까닭에 한 가지씩 자신
의 눈을 사용하는 인간들에 의해서 여러 가지 개
량이 이루어져 왔네. 하지만 그것들은 결코 그들
의 창조력으로 인한 건 아닐세— 그런 건 최초부
터 없으니까— 그리고 백 년 후인 오늘날 50명
혹은 백 명에 가까운 끈기 있는 관찰자들의 기여
가 결집되어서 저 원양 정기여객선까지 움직이
게 하는 훌륭한 기관으로 발전했네.

YOUNG MAN : 그럼 세익스피어의 연극 같은 건 어떻습니까?

OLD MAN : 그 과정도 마찬가지네. 최초의 배우란 원시 토
인이었네. 전쟁의 댄스니, 목 베기 댄스(다른 부족
을 습격하여 그들의 목을 베어 제사를 지내는 행사)니 하는
형태를 취해 그 자신 현실 생활 속에서 보아 온
사건을 연출해 보였지. 그런데 문명이 발달하면
사건도 에피소드도 점점 종류가 붙어나는 법이
네. 그리고 그것들을 배우와 극작가들이 차용하

게 되었네. 이리하여 조금씩 연극이 발달해 온 거지. 모든 것은 현실의 사실로부터 생기는 것이지. 절대로 무에서의 창조는 아닐세. 그리스 연극이 발달하기까지에는 수백 년이라는 세월이 걸리게 마련인데 그것도 모두 이전 시대부터의 차용이고 그것을 또 후대에 전했을 따름이라는 이야길세. 관찰하고 총합한 것은 확실히 인간이지만 오직 그 뿐이니 그런 것 정도라면 쥐라도 하지.

YOUNG MAN : 어떻게 말입니까?

OLD MAN : 예를 들면 어떤 향기를 풍긴다고 하세. 쥐는 그것에서 치즈의 존재를 추정하고 재빨리 탐색전을 벌여 그걸 손에 넣지. 천문학자만 해도 마찬가지네. 우선 최초에 이런저런 천체의 현상들을 관찰하네. 그리고 그 이런저런 관찰 결과들을 가지고 이미 몇 백 명의 선배들이 관찰해 온 이런 저런 데이터와 합쳐 눈에 보이지 않는 혹성의 존재를 상정想定하는 걸세. 그리고 그것을 탐색해 발견하지. 쥐만 하더라도 그렇지. 예를 들면 덫에 걸렸다고 하세. 안간힘을 다해 가까스로 도망쳐 나왔을 때 비로소 덫 속의 치즈란 것은 도움이 안 된다는 것을 알게 되지. 그래서 두 번 다시 그 덫에는 손을 대지 않게도 되는 걸세. 천문학자는 그의 발견을 자랑스럽게 여길 것이고 쥐도 또 그 결과에 자신을 갖지. 그러니 결국은 양자 모두가 기계에 지나지 않단 말일세. 다만 기계의 작용을 했을 뿐이지. 새롭게 무언가를 창조해 낸 것은 절대로 없네. 양쪽 모두 다 무언가 생각해 낼만한 자격은 털끝만치도 없네. 만일 있다고 한다면 모두 그것은 조물주인 하나님의 솜씨지. 양자 모두에게 명예나 칭찬을 받을 만한 자격은 전연 없으면 죽은 뒤 기념비 따위 세워질 이유도 물론 없지. 천문학자들은 복잡하고 정밀한 기계요, 그에 비하면 쥐는 아주 단순하고 한정된 기계일는지도 모르네. 그러나 원리, 기능 과정의 점에서 말하면 어느 쪽이나 완전히 마찬가지이고, 자동적으로 작용하지 못한다는 건 쌍방 모두가 똑같네. 어느 쪽이건 그 상대방에게 자체로서의 우수성과 위엄 등을 주장할 수 있는 자격 같은 건 조금도 없네.

YOUNG MAN : 말하자면 그 돈벌이의 위엄, 또 그의 일이 갖는 개인적 공로라는 점에서 보면 당연히 인간이나 쥐나 같은 수준이라는 결론이 됩니까?

OLD MAN : 쥐, 즉 아우뻘이라는 말일세. 나로서는 아무래도 그런 식으로 생각하네. 한 일의 개인적 업적이라는 점에서 말하면 어느 쪽이건 그런 걸 운운할 자격은 없네. 또 그것으로서 당연히 말할 수 있는 것은 그 형제 어느 쪽에 대해서나 말인데(스스로 창출해 낸) 우수성 등 주장할 권리는 없다는 말일세.

YOUNG MAN : 선생님은 어디까지 그 광기 비슷한 생각을 계속 믿을 셈이신가요? 사실이나 사례의 대조로 증명된 아주 유력한 반론도 충분히 있을 수 있는데, 그래도 계속 믿으시겠단 말씀입니까?

OLD MAN : 이 사람아, 이래봬도 나는 시종 겸허·성실한 진리 탐구자였었는데…….

YOUNG MAN : 참 그러시군요.

OLD MAN : 성실·겸허한 진리 탐구자란 언제나 그러한 방법으로 변설變說이 가능하다네.

YOUNG MAN : 잘 말씀해 주셨습니다. 왜냐하면 선생님의 변설은…….

OLD MAN : 잠깐만 — 자네는 오해하고 있군 그래. 나는 다
만 진리 추구자라는 걸 말했을 따름이네.

YOUNG MAN : 더 자세히 말씀하신다면?

OLD MAN : 지금은 이미 그렇지 않다는 말이군. 잊었는가,
자네? 언젠가 말했었지. 진리의 탐구자라고 해
봤댔자, 그건 모두 일시적인 것에 지나지 않다
고. 영구한 탐구자란 것은 도대체가 인간으로서
불가능한 일이지. 원래 탐구자란 인간은 참으로
완전한 진리라고 확신되는 것을 발견하자마자,
그 이상의 탐구는 끝장일세. 나머지 일생은 다
만 보수補修용의 잡동사니들을 찾아내어 구멍을
막는다, 기둥을 세운다, 비새는 걸 방지한다, 함
몰을 방지한다는 등의 일뿐이라네. 그러니까 장
로파는 평생을 장로파, 회교도는 평생을 회교
도, 심령주의자는 언제까지나 심령주의자, 민주
당원은 언제까지고 민주당원, 공화당원은 언제
까지나 공화당원, 그리고 또 왕당파는 끝내 평
생을 왕당파가 된다고도 하겠지. 예를 들면 어
떤 겸허하고 성실한 진리 탐구자가 '달은 파란

치즈로 되어 있다'고 하는 명제命題 속에 절대의 진리를 인정했다고 하세. 어떤 일이 일어날지라도 그는 완고하게 그 견해를 바꾸지 않을 걸세. 이러니 그 장본인은 자동기계에 지나지 않네. 그 구조가 갖는 법칙에 따르는 수밖에 다른 도리가 없을 테니까 말일세.

YOUNG MAN : 그래서요?

OLD MAN : 그러니까 지금 절대의 진리를 발견했다고 하세. 게다가 의심할 나위도 없이 인간이라는 것은 단순한 하나의 추진충동— 즉 자기 자신의 마음을 만족시키는 일인데— 그것 밖에는 갖지 않은 기계라는 말일세, 따라서 그 한 일에 대해 어떤 개인적 공로를 주장할 자격도 없다는 사실만 알면 이제 나로선 그 이상 탐구를 계속한다는 것은 인간으로서 불가능이 아닐까. 앞으로 죽을 때까지 나의 여생이란, 다만 그 귀중한 소유물을 계속 소유하거나 보수하거나 색을 칠하거나 하는 것뿐일세. 그건 너무한 거 아니냐는 반론이나, 치명적 사실이 설사 나왔다고 할지라도 말일세, 그것들에 대해서는 그저 외면할 따름일 걸세.

6.

본능과 사상

YOUNG MAN : 참으로 저열한 사고방식이군요. 전에 선생님이
말씀하셨던 그 주정뱅이 이야기— 즉 그 쥐에
관한 견해 말씀입니다만 — 그건 마치 인간의
권위, 존엄, 그리고 숭고함이란 것이 모조리 벗
김을 당해 버린 게 아닐까요?

OLD MAN : 본시 벗김을 당할 것 따윈 아무것도 없어 — 권
위, 존엄, 숭고함 같은 그런 것은 모두가 눈속임
으로 말하자면 훔쳐 입은 옷가지 정도지. 오로
지 조물주이신 하나님의 속성인 것을 제멋대로

인간이 참칭僭稱하고 있을 뿐이라는 얘길세.

YOUNG MAN : 그렇지만 인간을 쥐 따위에 비유하다니요, 그
런 권리는 선생님에게도 없다고요.

OLD MAN : 그런 말을 하려는 건 아니야 — 적어도 도덕적
으로는 말일세. 하긴 쥐 쪽이 불쌍하지. 그런 점
에선 쥐가 훨씬 인간 이상이니까.

YOUNG MAN : 농담이시지요?

OLD MAN : 농담이 아닐세.

YOUNG MAN : 그럼 무슨 의미입니까?

OLD MAN : 도덕 감각의 문제가 되네. 큰 문제야. 그러니까
당장은 얘기하고 있는 문제부터 정리하고 나서
얘기하세. 그 문제는 다음이니까.

YOUNG MAN : 좋습니다. 인간과 쥐를 동등 레벨로 다룬 일에
대해선 어차피 인정한 결과가 된 것 같군요. 무
슨 뜻입니까? 지성의 관점에서 말입니다.

OLD MAN : 형태상의 문제지— 정도의 문제는 아닐세.

YOUNG MAN : 왜냐고 묻는다면요?

OLD MAN : 쥐의 마음이나 인간의 마음이나 기계라는 점에
서는 마찬가지네. 하지만 능력 면에선 물론 다
르네. 예를 들면 자네의 능력하고 에디슨의 능

력과, 아프리카의 피그미족의 능력하고 호메로
스의 능력, 또 부쉬먼족의 능력하고 비스마르크
의 능력과—여기에는 당연 차이가 있으니까 말
일세.

YOUNG MAN : 어째서 그런 말씀을 하십니까? 인간에게는 이
성이라는 것이 있는데 비해 하등 동물에게는 본
능이라는 것이 있을 따름이고 지적 능력은 없는
것으로 알고 있는데요.

OLD MAN : 본능이란 뭔가?

YOUNG MAN : 유전된 습성이 있을 따름이어서 기계적이라고
할까? 생각한다는 일 외에는 전혀 못하죠.

OLD MAN : 그 습성의 기원이 뭔가?

YOUNG MAN : 최초의 동물이 그것을 시작하고 그 다음은 그
저 자손들이 이어 받아 왔을 따름이라는 얘기죠.

OLD MAN : 그 최초의 동물은 어떻게 해서 그걸 시작했을
까?

YOUNG MAN : 그걸 어떻게 압니까. 하지만 아무튼 생각해 낸
게 아니겠어요.

OLD MAN : 어떻게 그런 줄 알지?

YOUNG MAN : 글쎄요…… 어쨌든 그런 식으로 상상할 수는

있겠잖아요?

OLD MAN : 나도 그렇다고는 생각하네만…… 사고란 도대
체 무언가?

YOUNG MAN : 선생님이 말씀하시는 사고라는 것이 어떤 것인
지는 대강은 알고 있습니다. 즉 외계로부터 받
은 인상을 자동적, 기계적으로 종합하여 거기에
서 하나의 추론推論을 해내는 것이죠.

OLD MAN : 아주 잘 되었어. 나더러 말하라고 하면 '본능'이
라고 하는 그런 무의미한 말, 그것을 석화石化한
사고에 지나지 않다고 생각하네. 습관에 따라
고형화固形化하여 생명은 이미 잃었다고나 할까.
전에는 생생하게 솟아 나오던 사고가 어느 사이
엔가 무의식적으로 되어 버렸다— 말하자면 그
몽유현상夢遊現象 같은 것이지.

YOUNG MAN : 실례는요?

OLD MAN : 예를 들면 목장에서 풀을 뜯고 있는 소 떼를 좀
보게나. 녀석들의 머리는 한결같이 같은 방향을
향하고 있네. 본능적으로 그리 되는 거야. 그로
말미암은 이익 따위는 없네. 그렇게 하지 않으
면 안 될 이유도 없네. 왜 그렇게 하는지 그것조

차 녀석들은 모르고 있네. 원래는 사고思考가 있었을 테지만 이제 와선 유전된 습성에 지나지 않지— 바꾸어 말하면 최초는 외계의 사실에 대한 관찰이었지. 그리고 그 관찰로부터 훌륭히 귀중한 추리를 끌어내어 경험에 의해 그것이 확인되었을 것이네. 그러니까 최초의 들소는 바람을 받고 서 있으면 적의 냄새가 풍겨 온다는 것을 알았지. 그러기에 도망치는 데도 충분히 여유가 있다는 사실을 깨달았지. 그래서 바람이 불어오는 쪽으로 코를 향하고 서는 것은 확실히 의미가 있다고 말일세. 즉 이것이 인간이 말하는 추리 추론의 과정이라네. 인간이라는 생각하는 기계도 그 작용이란 점에서는 다른 동물들과 한가지지. 그러나 에디슨은 아니지만 그 기계란 것이 약간은 우수하다네. 만일 이것이 인간이라면 말이야. 지금 말한 소와 같은 상황에 놓인 경우, 한 걸음 나아가서 생각했겠지. 결국 무리의 일부는 반대 방향을 향한다는 것, 말하자면 앞뒤를 방어하는 거지.

YOUNG MAN : 선생님은 본능이란 말은 무의미하다고 말씀하셨잖습니까?

OLD MAN : 그랬지. 일종의 속임수라고 생각하네. 여러 모로 혼란을 일으키게 하는— 왜냐하면 원래 이 본능이라는 것은 원칙으로는 훨씬 기원이 먼, 게다가 최초는 생각하는 데에서 생겨난 습성이나 충동의 종류, 오로지 그런 것을 말한 것인데, 때로는 이 원칙을 깨뜨리고 도저히 사고로 시작되리라고는 생각할 수 없는 습성에까지 이것을 적용하는 경우가 있네.

YOUNG MAN : 예를 들면요?

OLD MAN : 예를 든다면 사람이 바지를 입을 때 반드시 같은 쪽 다리를 언제나 먼저 집어넣기 마련이지— 절대로 그 반대가 되지는 않지. 그렇게 했다고 해서 이익이 있는 것도 아니고 그저 의미한 걸세. 모두가 그렇다네. 그렇다고 해서 특히 누가 그런 생각을 하고 일부러 하는 것도 아니지. 그렇게 습관만은 자기도 모르는 사이에 물려받고 앞으로도 아마 계속 그럴 것이네.

YOUNG MAN : 하지만 그게 습관이라는 걸 어떻게 증명합니까?

OLD MAN : 만일 의심스럽다면 누군가를 데리고 양복점으
로 가서 몇 개의 바지를 입어 보게 한 다음 잘
살펴보게나. 정확히 알 걸세.

YOUNG MAN : 먼저 말씀하신 그 소의 예는 아무래도…….

OLD MAN : 좋은 증명이 되지. 말을 못하는 짐승의 생각이
나 인간의 마음이나 기계라는 점에서는 똑같네,
따라서 그 추리 작용이라는 것도 전연 다를 바가
없다는 것이네. 뭣하면 더 실례를 들어도 좋네.
예를 들면 저 에디슨에게 상자를 하나 주었다고
하세. 그리고 그 뚜껑을 아무의 눈에도 띄지 않
도록 궁리해 딱 열어 보게 한다면- 물론 그의 일
이니까 용수철을 곧 생각할 것이네. 그리고 그것
을 찾으면 찾아내게 마련이네. 그런데 이건 좀
다른 얘기지만 나의 큰아버지가 한 마리의 늙은
말을 가져 온 일이 있었네. 그런데 이 말이 어찌
된 까닭인지, 옥수수 창고가 있는 뜰로 가면 어
떻게든 훔쳐 먹는 게 아닌가. 그 바람에 늘 야단
을 맞는 건 나였다네. 뜰 문을 거는 빗장을 내가
깜박 잊고 안 걸곤 했네만 내가 걸어 잠가도 누
군가가 열어 주어 말이 들어갔단 말일세. 마침내

나도 한 가지 묘안을 궁리해 냈었지. 분명 누군가 범인이 있는 게 틀림없을 게다, 이렇게 생각한 끝에 숨어서 문 쪽을 지켜보았지. 과연 얼마 후에 말이 와서 빗장을 입으로 물어 벗기더니 들어가는 게 아니겠나. 물론 아무도 가르쳐 일이 없겠지— 다만 말이 여러 가지로 관찰하여 스스로 생각해 냈던 것이네. 그것과 에디슨과 비교해 어디에 차이가 있겠는가? 말도 문고리를 두고 요리조리 생각해 낸 끝에 하나의 추리— 즉 빗장이라는 비밀을 알아낸 거라네.

YOUNG MAN : 조금 생각한 것 같은 흔적은 보이는군요. 그런데 어쩐지 아직도 단순한 점도 있어서— 좀더 자세히 얘기해 주시죠.

OLD MAN : 에디슨이 누군가의 집에서 대접을 받았다고 하세. 얼마 후 다시 와 보니 텅 빈집이 되어 있었네. 그는 순간 주인이 어딘가로 이사를 갔구나 생각하겠지. 그런데 또 얼마 후 뜻밖에도 다른 도시에서 그 주인이 어떤 집으로 들어가는 걸 보았다고 하세. 그럴 때 그는 그 집이 새로 이사 온 집이었을 거라고 생각하고 그의 뒤를 따라가

물어보게 되었네. 이것이 추리가 주는 확신이라
네. 그런데 이건 다른 얘기지만 어느 유명한 박
물학자博物學者가 쓴 책 속에 한 갈매기 이야기가
있네. 스코틀랜드의 어느 어촌에서의 이야기인
데 여기선 갈매기 떼가 언제나 대접을 잘 받고
있었네. 그런데 지금도 말한 그 갈매기가 어느
날 어떤 어부의 집에 가서 먹이를 얻어먹었지.
이튿날 또 가 보았더니 또 얻어먹었었네. 그 다
음에 갔을 때는 집안에까지 들어가서 가족들과
함께 앉아 대접을 잘 받게 되었네. 그리고 나서
부터 매일 찾아오게 되었지. 그런데 어느 땐가
그 갈매기가 갑자기 멀리 출장을 갔었네. 며칠
뒤 돌아와 보니 그 집은 텅 비어 있었네. 친절했
던 그 한 집안이었는데 3마일이나 떨어진 먼 곳
으로 이사를 가 버렸던 것이네. 그리고 나서 또
수개월이 지난 어느 날 그 갈매기는 뜻밖에도
그 마을의 거리에서 그 집 주인을 보았던 모양
이야 갈매기는 재빨리 그 뒤를 따랐지. 그리고
체면이고 뭐고 차릴 여유도 없이 그의 집으로
쫓아 들어갔고…… 이리하여 또 날마다 살다시

피 하게 되어 버렸다네. 그렇다면 지능의 작용으로 말하면 갈매기도 결코 우수한 편이라고는 할 수 없겠네. 하지만 이 갈매기에게도 기억력과 추리 능력만은 이었네. 그리고 그것을 에디슨 류流로 응용했던 것이네.

YOUNG MAN : 그렇다 할지라도 갈매기가 에디슨은 아니지 않습니까. 따라서 그것을 동일시하는 데까지 가지고 가려 하는 건 무리겠죠.

OLD MAN : 무리일지도 모르지. 자네는 어떤가?

YOUNG MAN : 그건 또 다른 얘기죠. 아무튼 계속해 주십시오.

OLD MAN : 가령 에디슨이 뭔가 곤경에 부딪쳐 낯모르는 어떤 사나이에게 도움을 받았다고 치세. 다음 날 그는 또 같은 곤경에 부딪쳤네. 만일 그 미지의 사나이의 주소를 그가 알았다고 하세. 그 경우 어떻게 하는 것이 가장 현명한지, 아마 그로서도 생각했을 테지. 그런데 이것도 어느 박물학자가 기록하고 있는 예인데. 역시 어느 한 마리의 새와 어떤 사나이와의 이야기가 있네. 어느 날 어떤 영국인이 뜰 저 아래쪽에서 한 마리의 새가 그의 애견의 머리 위를 빙빙 돌고 있는 것

을 보았네. 그때 갑자기 무언가 비명 같은 소리
가 들려왔었네. 웬일인가 하고 다가가 보니 그
개 녀석이 새 새끼 한 마리를 물고 있었네. 상처
까지는 입지 않았던 모양이었다네. 그는 재빨리
손을 써 새 새끼는 그대로 숲 속으로 되돌려 보
냈고 개를 데리고 돌아갔다네. 그런데 이튿날
그가 아침 일찍 일어나 베란다에 나가 있으려니
까 이번에는 어미 새인 듯한 큰 새가 찾아왔어
요. 아무래도 그 새의 거동을 보니 뜰 저쪽을
가리키며 함께 와 주었으면 하는 눈치 같았다
네. 바로 앞으로 좀 날아갔는가 하면, 어쩐지
그가 따라오기를 기다리고 있는 듯했다네. 그렇
게 몇 번인가를 되풀이하더니 이윽고 꼬부라진
골목길이 있는 데로 나서자, 새는 밭 위를 횡 날
아서 지름길 같은 건 찾으려고도 않더라네. 오
히려 홱 구부러진 길을 그대로 갔던 거야. 그럭
저럭 4백 야드쯤이나 갔을까. 보니 또 그 개가
범인이었다네. 또 새 새끼를 물고 있더라지 뭔
가. 그래서 이번에도 또 구해 주었다고 하는데,
생각해 보면 이런 행동들은 모두가 어미 새의

계산에서 나온 게 아니었겠는가. 결국 이 사나이는 어제도 한번 구해 주었었지. 그러니까 오늘도 꼭 도와줄게 틀림없을 거라고 생각했던 게 아니겠는가. 사나이의 사는 곳을 알고 있겠다, 말하자면 확신을 가지고 어미로서의 마음의 작용이란 참으로 에디슨의 그것과 같은 게 아닐까. 즉 여러 가지 사실을 종합해 생각해 본 것— 참으로 그것이야말로 사고라는 것이 아니겠는가— 그리고 그 결과로 새는 새 나름대로의 논리적 추리를 했던 것이 아니겠는가. 제아무리 에디슨이라 하더라도 이 이상의 일을 했으리라고는 생각되지 않네.

YOUNG MAN : 선생님은 말 못하는 동물들도 사고라는 것이 가능하다고 믿으시는 겁니까?

OLD MAN : 그렇지— 코끼리나 원숭이나 말이나 개나 앵무새나 잉꼬나 카나리아나 모두가 다 그렇지. 이건 어느 부부 코끼리의 얘긴데 어느 날 한 놈이 함정에 빠졌다네. 그런데 나머지 한 놈이 쓰레기며 흙을 마구 함정 안으로 쳐 밀어 넣어 마침내 함정 밖으로 기어 나올 수 있는 높이까지 메

왔다네. 이런 것도 동물이 훌륭한 추리 능력을 가지고 있다는 증거가 아니겠는가. 나는 이렇게 생각하네. 교육이나 훈련에 의해 사물을 기억하는 능력이 있는 동물이란 모두 관찰하고 종합하여, 그리고 어떤 일정한 추리를 하는 능력— 말하자면 사고라는 것인데— 그 능력을 분명히 지니고 있는 게 아닌가 말일세. 바보에게도 무기 조작이나 명령 한 마디로 진퇴 문제, 나아가서 전장에서의 복잡한 동작 등을 가르칠 수가 있다고 생각하지 않는가?

YOUNG MAN : 완전한 바보라면 안 되겠죠.

OLD MAN : 카나리아가 몇 마디 말을 기억하는 것이나 개, 코끼리에게 가르치면 참으로 놀랄 만큼 많은 말을 척척 기억하는 것을 볼 수 있네. 여러 가지로 관찰하고 종합하여, '좋아, 알았다. 명령대로 이렇게 저렇게 하면 칭찬을 받고 먹이도 주는데, 반대로 다른 짓을 하면 꾸중을 듣는다'는 것을 확실히 기억한다네. 그뿐 아니라 벼룩한테도 국회의원이 할 정도의 일은 가르쳐 줄 수 있다네.

YOUNG MAN : 그러니까 말 못하는 동물에게도 낮은 차원에서의 사고력은 있다는 사실, 그건 일단 인정하라는 말씀이시군요. 더 높은 차원에서도 같은 일을 할 수 있는 동물이 과연 있을까요? 대체로 거의 인간에 가까운 동물 말입니다…….

OLD MAN : 있고말고! 사고자로서, 그리고 또 설계자로서 저 개미 같은 것들은 미개한 토인이나 비슷하다네. 어떤 기능 분야에서는 미개한 인간들이 무색할 정도가 아닌가 싶다네. 게다가 완전히 스스로 배우고 스스로 익힌 거지. 특별히 또 한두 가지 고도의 지능 면에서는 문명인, 미개인을 불문하고 모든 인류가 미치지 못하는 지능까지 지니고 있지!

YOUNG MAN : 선생님의 논리는 인류와 동물을 구분하는 지적 경계라는 것까지도 말살해 버린다고 말씀 드려야겠군요.

OLD MAN : 이 사람아, 말을 뒤집는 것 같지만, 원래 있지도 않는 것을 말살하다니 그런 게 가능한가?

YOUNG MAN : 농담이시겠죠. 그것은? 헌데 참으로 그런 한계가 없다고 진정으로 생각하시는 건 아니신지……

OLD MAN : 어째서…… 아니, 진정일세. 말의 예, 갈매기의 예, 어미 새의 예, 그리고 또 코끼리의 예, 어느 것을 보아도 에디슨과 마찬가지로 이것저것 모든 사실을 종합하여 꼭 같은 추론을 하고 있는 그것을 훌륭하게 증명하고 있기 때문일세. 마음의 구조도 그렇고, 그 작용도 그렇고, 에디슨과 완전히 같은 거네. 만일 못한 점이라고 한다면 그 정교함이란 점에서 워터베리제의 시계가 스트라스블루제의 시계보다는 못한 것과 마찬가지로, 다만 그런 차이 뿐인 걸세— 즉 경계 같은 건 없네.

YOUNG MAN : 그거야 사실일는지 모르겠습니다만 어쩐지 불유쾌한 이야기군요. 그러면 마치 말 못하는 짐승이란 게…….

OLD MAN : 자네는 그 거짓 상표부터 그만 치우지 않으려나? 그리고 그들의 일을 '미계시未啓示의 생물' (언레빌드 클리처)라고 부르게나. 우리가 아는 한, 말 못하는 짐승이란 그런 건 없네.

YOUNG MAN : 어떤 근거로 그런 말씀을 하시는 겁니까?

OLD MAN : 간단하지. '말 못하는' 짐승이라고 말하니까 사고 기능도 없고 이해력도 언어도 없다, 즉 마음에 있는 것을 전달하는 방법조차 모르는 동물을 연상시키는데, 어떤가? 암탉에게는 정확한 말까지 있다네. 물론 그것들이 말하는 내용 전부를 우리가 이해할 수는 없네. 그런데 두 가지나 세 가지 말이라면 간단히 알 수가 있는 걸세. '알을 낳았다!'고 외치는 소리는 우리도 금방 알 수가 있지. 병아리들에게 '이리들 온. 여기 땅벌레가 있어요'라는 말도 알 수 있네. 또 '빨리! 서둘러! 자, 엄마 날개 밑으로 들어오렴. 매가 온다!'고 경고하는 소리도 알 것이네. 또 고양이가 기지개를 켜면서 만족스럽다는 듯이 목구멍소리를 내며 달콤한 소리로 '자아, 애들아, 저녁거리가 생겼어요'라고 말할 때 이것도 알 수가 있네. 그런가 하면 몹시 풀이 죽어 서성대면서 '어디로 갔을까? 애들이 없어졌어요. 누가 와서 함께 좀 찾아 주지 않겠수?'라고 슬퍼할 때 이것도 알 수가 있네. 그리고 또 그 성질이 고약한 수코양이 녀석이 한밤중에 창고 속에서 '애, 올 테면 와 봐라, 이 못난 오뚜기 쌍판 같은 녀석!

짓이겨 줄 테니까!'라는 등 큰 소리로 싸움을 거
는 소리를 들으면 이것 또한 딱 알아차릴 수가
있네. 개의 말도 서너 가지는 알아들을 수 있을
것이며, 새이건 무엇이건 그런 것들을 말일세,
좀 키우면서 주의해 보면 말이나 행동의 얼마쯤
은 기억할 수 있게 되네. 암탉 같은 것의 말이라
면 서너 가지는 참으로 분명하고 틀림없네. 즉
인간들은 모르지만 서로 저네들끼리야 충분히
뭐든지 통하는 것이 있다는 증거라고 생각하네.
그리고 이것은 그 밖의 많은 '미계시'의 동물들
도 마찬가지가 아니겠는가.

인간 자신이 둔감해서 통하지 못하니까 곧 말
하는 짐승이라고 제멋대로 부르니— 아무래도
인간다운 뽐냄, 불손이라 할 수 있지 않을까.
동물의 입장에서 본다면 인간들 역시 마찬가지
가 아니겠는가 말일세. 아니 개미의 경우만 하
더라도 그렇지…….

YOUNG MAN: 그 개미 얘기를 다시 하시지요. 무래도 선생님
의 말로는 인간과 그 '미계시' 생물과를 구별하는
지적 경계선이 그 최후의 흔적을 거둬 버리는 동

물이 될 모양이니까요.

OLD MAN : 개미란 녀석은 정말 그렇다네. 하지만 그 호주 (오스트레일리아)의 원시 토인 녀석을 보게나. 그들은 아직껏 자기 집을 설계한 적도 없으며 지은 적도 없네. 그에 비하면 개미는 참으로 놀라운 건축가란 말일세. 정말로 조그맣고 보잘것없는 생물이지만 장장 8피트나 되는 튼튼하고 오래 가는 집을 짓는단 말일세— 규모로 보아 인간 세계에서라면 엄천난 규모인 신전, 최대의 궁전이라고 해도 좋지 않을까. 재능의 면에서도, 또 문화의 면에서도 이 개미에게 필적할 만한 건축가를 낳은 미개인은 아직 없었으니까 말일세. 아니, 문명인이라고 할지라도 이 개미의 집만큼 그 목적과 용도에 알맞은 집을 설계할 수 있는 건축가를 낳은 인종은 절대로 없네. 개미집에는 여왕 실도 있고 아이들의 젖먹이방도 있고 곡식 창고가 있는가 하면 군대, 노동자들의 아파트 같은 것도 있지. 그리고 그들의 방들로부터 그 밖의 여러 군데의 홀, 복도 같은 곳에 이르기까지 모두 연결되어 있다네. 게다가 그 배열, 배분 또한 참으로 편리성과 융통성을 병합해 고안한 굉장한 경험의 지혜로 이루어진 것이니까 말일세.

YOUNG MAN : 그것은 결국 본능에서 한 것일 따름이죠.

OLD MAN : 그렇지, 만일 미개인에게도 그런 것이 있다면 말일세. 굉장히 발전한 것일 테지. 그런데 아마 그 대목은 결론을 내리기 전에 더 고찰을 해야지 않겠는가. 그런 까닭에 개미에게는 군대도 있네—대대, 연대, 그리고 군단 식으로 말일세. 또 분명히 임명된 대장隊長, 장군도 있지. 대장大將이 되어 전투에 데리고 가지.

YOUNG MAN : 그것도 본능이겠죠.

OLD MAN : 아직 더 알아 볼 게 있네. 개미의 사회에는 정치 조직까지도 있네. 충분히 훈련된 참으로 복잡한 기구이고, 게다가 그것이 정확히 실행되고 있는 걸세.

YOUNG MAN : 그것도 본능이겠죠.

OLD MAN : 그리고 또 수많은 노예도 거느리고 있네. 주인은 매우 엄하다네. 비정하리만큼 강제 노동 같은 것도 자꾸 시키곤 하지.

YOUNG MAN : 본능이죠.

OLD MAN : 또 암소에 해당하는 것도 있어 젖도 짜지.

YOUNG MAN : 물론 본능이죠.

OLD MAN : 텍사스에 가면 말일세, 12평방 피트나 되는 농
장을 경영하고 있는 개미도 있다네. 심고, 잡초
를 베고, 땅을 갈기도 한다네. 수확이 끝나면 저
장까지도 하지.

YOUNG MAN : 역시 본능이겠죠.

OLD MAN : 그리고 또 개미란 녀석은 친구와 남의 것을 구
별할 줄 아네. 저서 존 라보크(영국의 은행가, 정치가,
과학자, 저술가. 1834~1913년 Ave-bury경. 원래는 은행가였
는데 국회의원으로서도 활약했고 고고학자, 생물학자로서도 많
은 업적을 남겼다. 그의 저서 『*The Use of Life*』란 인생훈은
유명하다)가 두 개의 다른 개미집에서 각기 몇 마
리씩을 붙잡아다가 위스키를 먹여 취하게 해 보
았다네. 그리하여 앞뒤 방향 감각을 잃은 놈들을
어느 물가의 집 곁에다 갖다 놓아 보았다는군.
그런데 그 집에서 나온 개미들은 이 추태부리는
곤충들을 한 마리 한 마리를 조사하면서 얼마 동
안 무언가 대화를 나누는 것 같더니만 이윽고 자
기네 동료들만을 재빨리 집 안으로 날라 가고 다

른 집의 개미들은 남김없이 모조리 물속으로 처
넣어 버리더라는 것일세. 그는 이 실험을 몇 번
이고 반복해서 해 보았는데 멀쩡한 개미들은 얼
마 동안은 처음과 똑같은 행동을 했다네— 즉 친
구들은 자기네 집 안으로, 다른 집 개미들은 물
속으로 던지더라는 걸세. 그런데 이윽고 종국에
는 지쳐서 못 견디기라도 했는지, 교정矯正의 가
망이 없다는 사실을 알자, 이번에는 같은 동료들
이건 다른 집 개미이건 구별하지 않고 모조리 물
속에다 내팽개치더라네. 어떤가, 자네— 이래도
본능인가? 그렇지 않으면 또 그들의 경험으로는
새로운 사태— 이건, 완전히 새로운 사태인데 거
기에 대한 처치를 분명히 생각한 결과에서 나온
지적 처리가 아니겠는가 말일세. 결과적으로는
정확히 어떤 판단이 내려진 위에서 판결이 내려
지고, 그것이 그대로 집행된 것이 아니겠는가?
이래도 역시 본능— 즉 다만 단순히 오랜 동안의
습관으로 규격화되어 버린 사고에 지나지 않다
고 하려는가? 그렇지 않으면 또 새로운 필요, 새
로운 사태에 자극을 받아 생겨난 아주 새로운 사

고일까?

YOUNG MAN : 그 점은 인정하지 않을 수 없겠군요. 단순한 습
성의 결과는 아니겠죠. 명백히 반성과 사고, 즉
선생님이 말씀하신 이런저런 사실들을 종합한
결과에서 나온 행동이 아니겠어요. 사고라고 생
각합니다.

OLD MAN : 또 다른 한 가지 사고의 예를 얘기해 보지. 저
유명한 프랭클린(물론 벤저민 플랭클린을 말함)이 말일
세, 방안의 테이블에 설탕 컵을 올려놓았더니
여기에 개미가 달라 붙더라는군. 그는 여러 가
지로 방지법을 시도해 보았었네. 그런데 개미란
놈이 딱 허점을 빠져나가곤 하더라지 뭔가. 마
침내 마지막에는 컵으로 다가가는 길을 완전히
차단해 버렸더라네— 아마 테이블의 다리를 수
반에 잠기게 한다든가, 그렇지 않으면 또 컵 주
위에다 콜타르로 원을 그린다든가, 아무튼 그런
방법을 펴면서 개미들이 어떻게 하는지를 관찰
하고 있었다네. 개미들은 여러 가지로 방법을
강구하더라네— 물론 모두 실패였겠지. 여기에
는 그들도 도리가 없었던가 보지. 그런데 마지

막에는 뭔가 의논을 하는 듯이 보이더니 여러 가지로 상의를 한 끝에 이윽고 결론에 도달했던가 보네 ― 그런데 여기에는 그 유명한 프랭클린 선생도 보기 좋게 두 손을 반짝 들지 않을 수 없었다는군. 그 개미들이 회의를 끝내고 죽 열을 지어 늘어서는 것 같더니만 바닥을 가로질러 벽을 타고 천장으로 올라가서 딱 컵 위 지점까지 도착하더니만 곧 한 마리씩 물방울처럼 컵 속으로 점핑을 해 떨어져 내려 오더라지 않는가! 이래도 본능이라고 말하겠는가? 단순히 유전의 습성만으로 규격화된 사고라고 하겠는가?

YOUNG MAN : 그렇다고는 생각지 않아요. 역시 어떤 새로운 사태에 대처해서 새로이 생각해 낸 계획이라고밖에 생각되지 않는군요.

OLD MAN : 과연 자네도 이 두 경우에 대해서는 추리력이라는 것을 인정하는군그래. 그러면 이번에는 어째서 이 개미가 인간보다 훨씬 나은가 하는 그 심리적 분석이 문제인데, 그것도 이 존 라보크 경이 수십 번의 실험에 의해 훌륭하게 증명하고 있네. 즉 개미란 녀석은 같은 개미끼리라도 다른 집의 개미는 곧 한 눈에 아는 모양일세. 가령 그림물감을 칠해 의장擬裝을 해 보았는데도 안 되더라는 거야. 그는 또 이런 사실도 증명했네— 개미들이 자그마치 50만 마리나 사는 집안에서도 한 마리 한 마리를 정확히 구분하더라는 거야. 그 50만 마리 중 한 마리가 1년 간 그 집을 비웠다가 돌아오니까 곧 알아보고 진심으로 반가워 해 마지않더라는 거야. 어떻게 그런 분간이 가능한지? 색깔은 아니겠지. 왜냐하면 그림물감을 칠하고 있어도 곧 안다니까 말일세. 냄새도 아니라네. 왜냐하면 크롤로 폼에 담가 두었다가 꺼내도 딱 알아보았다네. 그렇다고 말이나 촉각의 신호, 접촉도 아니라네. 왜냐하면 술에 취해서 움직이지 못하는 개미라도 딱 알고 같은 식구, 남의 집 식구를 틀림없이 구별해 낸다니까 말일세. 원래가 개미란 종자로 말하면 모두 다 같은 거겠지. 그러니까 50만 분의 1을 이루고 있는 친족 사이에서는 당연히 그 모습으로 분간하는 수밖에 없을 테지만, 그렇다 하더라도 이런 엄청난 숫자에 달하는 모습을 일일이 기억해 낼 수 있는 인간이 있겠는가?

YOUNG MAN : 물론 없겠죠.

OLD MAN : 프랭클린의 개미건, 또 라보크의 개미건, 경험하지 못한 새로운 사태에 부딪쳤는데도 정확하게 요리조리 관련지어 생각하는 능력을 그럴싸하게 발휘하고 있네. 그런 사실을 종합하여 적절한 결론을 훌륭히 끌어낼 수 있네— 바로 인간의 마음의 작용이 아니겠는가. 기억력이라는 보조수단 덕택에 인간은 그 관찰과 추리를 잊지 않고 남겨 두네. 그리고 그들을 감안하거나 또 다시 늘리거나하여 새로운 종합적 사고를 해 나가네. 즉 그런 식으로 하여 한 걸음 한 걸음 아득히 먼 결과로까지 도달하게 되는 것이네. 저 간단한 주전자의 탕으로부터 복잡하기 짝이 없는 원양 항해용 쾌속선의 엔진에 이르기까지, 또 자가 노동에서 비롯해 노동에 이르기까지, 짐승 가죽의 텐트에서 궁전까지, 그리고 또 그때그때 닥치는 대로하거나 일시적인 사냥으로부터 농업, 또는 식량의 저장에 이르기까지, 또 물이나 풀을 따라 다니는 유목 생활에서 시작하여 중앙 집권의 안정된 정치에 이르기까지, 모래와도 같은 약탈 집단으로부터 대 군단으로 발전하기까지 모두가 과정은 이런 거라네. 그런데 개미 녀석에게도 또 관찰력이 있고 추리력이 있으며, 게다가 놀랄 만한 기억력까지 있단 말일세. 참으로 인류의 발달과 그 문명의 본질이라는 것을 그대로 모방해 보고 싶은 모양인데 이래도 자네는 본능이라고만 우길 텐가?

YOUNG MAN : 저 자신이 되레 추리력이 없어 봤으면 하는 생각입니다.

OLD MAN : 그것도 좋지. 단 남에게는 말하지 말게나. 또 두 번 다시 그래서도 안 되고.

YOUNG MAN : 애기는 거의 정리된 것 같습니다만 이런 거겠죠 — 결과로서 다음 사항을 인정한다고 말씀하시겠죠 — 즉, 인간과 그 '미계시의 생물'을 나누는 지적 경계 따위는 절대로 존재하지 않는다고요?

OLD MAN : 그것만은 싫더라도 확인을 받지 않으면 안 되네. 그런 경계 같은 것은 첫째 없으며 그 사실을 피해 지나갈 수도 없다네. 확실히 그러한 동물에 비하면 인간이 보다 우수한 능력을 가지고 있는 것만은 사실이지. 하지만 기계 그 자체는 마찬가지며 그 작용에 있어서도 또 다를 바가 없네. 게다가 그 기계를 완전히 지배할 수 있는 힘이란 것은 인간에게도 없고 동물에게도 없다는 말일세. 그건 완전히 자동 기계이지. 컨트롤 권圈 밖에 있어 좋은 때는 작용하지만 싫다고 생각하면 뭐라고 말해도 작용하지 않네.

YOUNG MAN : 뭡니까……. 심적心的 기계라는 점에서 말하면 인간도 그런 동물과 완전히 똑같다, 다만 질質의 점, 그리고 또 종류란 점을 제외하면 양자 사이에 큰 차이 같은 건 아무것도 없단 뜻이군요.

OLD MAN : 그렇다고 할 수 있겠지— 적어도 지능 면에서는. 물론 양자 모두가 제각기 아주 뚜렷한 한계는 있네. 첫째 인간은 그들의 말을 그다지 이해하지 못하는데 반하여 오히려 개나 코끼리 쪽에서 우리 인간들의 말을 잘 이해하게 된다네. 그런 면에서는 그들이 위일는지도 모르지. 그런데 또 한편 그들은 읽고 쓰고 그밖에 이렇다 할 우

리 인간이 지니고 있는 고급, 정묘한 것을 기억
할 수는 없네. 따라서 그런 점에서는 우리 인간
이 훨씬 위이네.

YOUNG MAN : 좋아요. 그들에게 그러한 능력이 있는 것도 좋
겠죠. 하지만 그래도 아직 하나의 벽이 있죠. 더
군다나 아주 높은 벽이 있는 겁니다. 즉 그들에
게는 도덕 감각이란 것이 없죠. 그런데 우리 인
간에게는 그게 있죠. 그리고 그 덕택에 한없이
그들을 월등히 앞질러 갈 수가 있죠.

OLD MAN : 어째서 또 그런 생각을 했는가?

YOUNG MAN : 어떻습니까? 잠깐만요. 저도 오래 전부터 굴욕
과 악명에 견뎌 왔습니다. 벌써 오랜 동안이에
요. 그런데 인간과 그러한 동물이 동물적으로도
동격이라는 사실만은 아무래도 승복할 수가 없
군요.

OLD MAN : 나 같으면 인간을 그렇게 높이 사는 그런 생각
은 전연 없었네.

YOUNG MAN : 너무 하시는군요. 가령 이런 문제에 관해서 농
담을 하시는 일은 흔치 않으시겠죠?

OLD MAN : 농담 같은 거, 나는 모르네. 다만 명백 단순한

진실을 말할 뿐이야— 오히려 연민마저 느낀다
네. 인간에게는 선악을 구별할 줄 안다는 것, 그
건 확실히 다른 동물들보다도 지능 면에서 상위
라는 사실을 증명하고 있는지도 모르네. 하지만
악을 저지를 수 있다는 이 사실, 이것은 오히려
그것이 불가능한 동물들보다도 도덕적으로는 허
위라는 사실을 증명하는 거 아닐까. 이것은 더
부정할 수 없는 사실이라고 생각하네.

자유 의지

YOUNG MAN : 그럼 자유 의지란 것에 관한 선생님의 생각은
어떤 겁니까?

OLD MAN : 그런 것은 전혀 없다는 말일세. 그 최후의 주머
니 돈을 다 털어 노파에게 주어 버리고 폭설 속
을 터덜터덜 걸어서 돌아갔다는 사나이의 이야
기인데, 도대체 이 사나이에게는 그게 있었던
가?

YOUNG MAN : 그래도 그 노파를 구해 줄까, 그렇지 않으면 죽
든 말든 외면해 버릴까 하는 것 사이에는 분명

히 선택의 여지가 있었던 게 아니겠습니까? 그렇지 않아요?

OLD MAN : 확실히 선택의 여지는 있었네. 육체적 쾌락이냐 정신적 평안이냐 하는 문제 사이에는 말일세. 물론 육체의 호소도 강했을 테지— 분명 그러했을 게 틀림없네. 하지만 그와 동시에 정신 쪽에서도 반대의 호소가 있었을 거네. 선택이라는 것은 이들 두 가지 호소 사이에서 이루어져야만 했었네. 또 사실 이루어졌었고. 하지만 그 선택을 결정한 것은 누구였으며 무엇이었을까?

YOUNG MAN : 선생님은 다르겠습니다만 다른 사람이라면 누구이건 그것은 인간이 했다, 그리고 그것을 함에 있어서 작용한 것은 자유의지였었다고 그렇게 말씀하시겠죠.

OLD MAN : 인간에게는 자유의지라는 게 있네. 그러니까 어떤 선행을 할까, 그렇지 않으면 더 좋지 않은 일을 할까 하는 선택 앞에 서게 될 때는 그 자유의지라는 녀석이 행사할 수 있네. 또 그렇게 하지 않으면 안 된다는 것을 끊임없이 믿고 있는 걸세. 그런데 우리가 이미 분명히 보아온 것처럼 지금 그 사나이의 경우만 하더라도 말일세, 사실은 자유의지 같은 것은 갖고 있지 않았네. 다만 그의 기질이라든가, 교육이라든가, 그밖에 그때의 그를 형성하고 만들어 낸 매일의 외부적 영향이란 것, 그것이 싫더라도 그를 그렇게 만든 데 지나지 않네. 결국 노파를 구해 줌과 동시에 그로 말미암아 그 자신도 구하고자 하는 충동이 그렇게 시킨 데 지나지 않는단 말일세— 다시 말하면 그 자신을 그 정신적 고뇌, 견딜 수 없는 그 처참함으로부터 구하려고 했을 따름이라는 이야길세. 그가 선택한 게 아니네. 그 자신도 어떻게 할 수 없는 몇 가지 힘에 의해서, 말하자면 그를 시험 삼아 선택한데 불과하네. 자유의지란 것은 언제나 그저 말로서 존재할 따름이므로 생각, 다만 그것뿐이라는 얘길세— 사실은 아니지. 자유의지, 나는 그런 말을 사용하고 싶지가 않네. 사용하려면 다른 말을 사용하지.

YOUNG MAN : 어떤 말입니까? 다른 말이란…….

OLD MAN : 자유 선택이지.

YOUNG MAN : 어떻게 다릅니까?

OLD MAN : 자유의지란 건 말일세, 하고자 하는 일을 실행
함 에 있어 일체 구속을 받지 않는 것일세. 그
런데 자유선택이란 것은 다만 단순히 마음의 작
용에 불과하네. 그 이상의 것은 아니네. 요컨대
두 가지 중 어느 쪽이 보다 정의에 가까운가 하
는 것을 결정하는, 그 비판적 능력이라 하겠네.

YOUNG MAN : 그 차이를 더 분명히 말씀해 주시겠습니까.

OLD MAN : 참으로 타고난 겁쟁이라면 우선 절대로 하지 않
았을 것이네. 어떤가?

YOUNG MAN : 그건 그렇다고 생각합니다.

OLD MAN : 즉 그러한 겁쟁이도 그것을 하는 편이 옳다는
것까지는 알 테지?

YOUNG MAN : 그거야 그렇겠죠.

OLD MAN : 그러니까 그것을 하는 것이 옳다고 결정하는 그
자유 선택권은 그의 마음에도 있을 거 아닌가?

YOUNG MAN : 그럼요.

OLD MAN : 그런데 그가 타고난 겁쟁이인 까닭에 아무리 해
도 그것을 할 수 없는 결과가 되고 보면 도대체
그의 자유의지란 것은 어찌 되겠는가? 어디에
자유의지란 것이 있지? 바로 명명백백한 사실

이 분명히 그것을 부정하고 있으니 말일세. 어째서 자유의지가 있다고 말할 수 있겠는가? 다윗(이스라엘의 명군)이나 그나 무엇이 바른지는 알고 있었을 테니까 행동 역시 똑같아야만 한다고, 어떻게 그런 주장이 가능하겠는가? 산양과 사자에게 어떻게 똑같은 법칙을 강요하려 한다고 말하겠는가?

YOUNG MAN : 결국 자유의지란 것은 사실은 존재하지 않는단 말씀이신가요?

OLD MAN : 적어도 내 생각은 그러네. 확실히 의지란 것은 있네. 하지만 그것은 정사 선악正邪 善惡의 지적 판단 같은 것과는 관계가 없을 것이네. 따라서 그런 것의 지배를 받을 리가 없네. 다윗의 기질과 교육에는 의지가 있었네. 그리고 그것이 강제력으로 되었겠지. 그로서는 그 명령에 따르는 수밖에 없었네. 선택의 여지 같은 건 없었네. 겁쟁이의 기질이나 교육에도 역시 의지는 있네. 그리고 이것도 또 강제력이란 것에는 변함이 없네. 그 의지가 그에게 위험을 피하라고 명령하지. 그는 거기에 따를 따름이고 선택의 여지 따

위는 전연 없네. 그런데 여보게, 다윗이건 겁쟁
이이건 말일세, 자유의지― 마음의 판정에 따라
자유로이 선행도 가능하지만 악행도 가능하다
는 그런 것은 전연 가지고 있지 않네.

가치는 둘이 아니라 오직 하나

YOUNG MAN : 그래도 아직 한 가지 의심나는 점이 있습니다.
선생님은 물질욕과 정신욕과의 경계선을 어디에
그어야 한다고 하실는지 그걸 잘 모르겠군요.
거기 대해서 좀…….

OLD MAN : 그런 것은 굿지 않네.

YOUNG MAN : 무슨 뜻입니까?

OLD MAN : 물질욕 따위는 없으니까 말일세, 욕慾이란 모두
정신적인 거지.

YOUNG MAN : 영원도 욕망도 야심도 모두 그런 것들은 정신
적이지 물질적은 아니란 말씀이십니까?

OLD MAN : 그렇지. 자네들 속에 있는 주인이란 녀석은 어
떤 경우에라도 우선 그 정신의 만족을 추구한다
― 그것뿐일세. 그밖에 추구하거나 하는 것은

아무것도 없네. 대개 그 밖의 것 따윈 일체 흥
미가 없네.

YOUNG MAN : 놀랐습니다! 하지만 누군가가 남의 돈을 욕심
낸다고 하면 분명히 비열한 물질욕이 아닙니까?

OLD MAN : 그건 다르지. 돈이란 것은 심벌에 지나지 않네
— 다만 정신적 욕망을 돈이라는 눈에 보이는
구체물로 대표하고 있는데 불과한 걸세. 자네들
이 추구하는 이른바 물질이란 것은 모두가 심벌
에 지나지 않네. 뭐 그 물건 자체를 추구하고 있
는 건 아니네. 다만 당장에 그것이 자네들의 마
음을 만족시켜 준다고 하는 그 점에 불과한 때문
이네.

YOUNG MAN : 더 구체적으로 말씀해 주십시오.

OLD MAN : 가령 자네가 요구하는 것이 새 모자라고 하세.
그것이 손에 들어오면 자네의 허영심은 기쁨을
느낄 것이네. 마음에 만족을 주니까. 그런데 만
일 자네의 친구들이 그 모자를 바보스럽다고 비
웃었다고 하세. 곧 그 모자는 가치를 잃고 자네
는 그것을 부끄럽게 생각할 것이네. 어딘가에
처박아 두고 두 번 다시 보려고도 않을 걸세.

YOUNG MAN : 알 것도 같습니다만……. 계속해 주십시오.

OLD MAN : 모자 그 자체는 같은 거네. 그렇지 않은가? 조금도 달라진 점이라곤 없네. 결국 자네가 원했던 건 모자 그 자체가 아니었네. 다만 그것이 의미하는 것— 말을 바꾼다면 자네의 마음을 기쁘게 해주고 만족시켜 주는 그 어떤 것이었다는 말일세. 그러니까 그 의미가 없어지면 모자의 가치도 모두 없어져 버리네. 물질적 가치 따위는 없지. 있는 것이라면 다만 정신적 가치뿐일세. 아무리 현실, 실재의 물질적 가치 같은 것을 탐구해 본들 말짱 헛일이란 얘길세— 그런 건 없지도 않으니까. 정말로 잠시 동안이라도 그것이 지니고 있는 유일한 가치라고 한다면 다만 배후에 있는 정신적 가치뿐이네. 그것을 빼앗겨 버리면 곧장 무가치로 전락해 버리지— 지금 모자 얘기가 그 좋은 예라고 하겠네.

YOUNG MAN : 하지만 그 이치가 금전 문제에까지 들어맞는단 말씀입니까?

OLD MAN : 맞지 않고, 금전 역시 심벌에 지나지 않네. 물질적 가치 같은 건 전연 없네. 그대 자신은 말일

세, 돈 자체를 위해 돈을 원하고 있는 셈인지도
모르지만 그건 거짓말이지. 다만 그것이 가져다
주는 정신적 만족감을 위해 추구하고 있는데 지
나지 않네. 그러니까 그것이 실망으로 끝나면
그 가치도 역시 사라진다는 걸 알게 되네. 이건
어떤 사나이의 이야기이긴 하지만 참으로 안타
까운 얘기가 있네. 그 사나이는 끊임없는 불만
으로 안정이 되지 않아 노예처럼 땀을 흘리며
일했다네. 그리하여 이윽고 큰 재산을 모았었
네. 아주 행복했다네. 그때였지, 단 일주일 동안
에 사랑하는 모든 것을 송두리째 다 잃고 병까
지 얻게 되었고 다음은 완전히 외톨이만 남았었
네. 재산의 가치는 단번에 없어져 버렸네. 그래
서 비로소 깨달은 것이 물건을 가진 기쁨이란
돈 그 자체로부터 온 게 아니라는 것이었네. 첫
째로 그것이 가족들에게 제공되고 있는 즐거운
듯한 얼굴, 그것을 또 눈앞에서 보고 있는 그 자
신의 정신적 만족에 있었다는 사실을 비로소 알
게 되었지. 돈 그 자체에 물질적 가치 같은 것이
있지는 않네. 한 번 정신적 가치를 빼앗아 버리

면 다음에 남는 것은 쇠 부스러기(녹) 또는 휴지 조각뿐이네. 모든 게 그런 것이네— 큰 것, 작은 것, 당당한 것, 시시한 것, 예외라고는 한 가지도 없네. 왕관도 왕의 홀도, 페니 동전도, 인조 보석도, 마을에서의 악평도, 세계적 명성도— 그런 점에서 말하면 모두가 마찬가질세. 물질적 가치 따위는 있을 리가 없네. 정신을 만족시켜 주는 때만은 귀중하지만 그게 없어지면 한 푼의 값어치도 없지.

곤란한 문제

YOUNG MAN : 선생님의 용어란 도무지 어려워선지 이해하는 데도 시종 입을 꽉 다물게 만드는군요. 때때로 인간이란 것을 두 개, 세 개의 인격으로 나누시죠. 게다가 그 각각 권위, 권한, 그리고 책임을 가지고 있는 것 같은 말씀을 하시더군요. 그렇게 되면 인간이란 것을 아무래도 저로서는 잘 알 수 없군요. 내가 인간인 경우에는요, 그것은 모든 것을 하나로 만드는 어떤 전체라는 걸 이

거라면 쉽사리 이해할 것이라고 생각합니다
만……

OLD MAN : 만일 그것이 진실이라면 확실히 유쾌하고도 편
리하네. 그런데, 자네가 '나의 육체'라고 할 경
우, 그 '나'란 도대체 누구이겠는가?

YOUNG MAN : 이 '나'죠.

OLD MAN : 그럼 육체라는 건 하나의 재산이므로 그것을 그
'내'가 소유하고 있다는 말이군. 헌데 그 '나'란
누구지?

YOUNG MAN : 전존재全存在죠. 공통의 재산— 전존재에 부여된
단일 미분未分의 전소유권이란 말입니다.

OLD MAN : 그럼 그 '내'가 무지개의 아름다움을 칭찬한다고
하세. 칭찬하는 것은 전체의 '나', 즉 머리카락
이나 손이나 발꿈치나, 그 밖의 전부를 포함한
나이겠지?

YOUNG MAN : 그런 칭찬하는 것은 저의 마음이죠.

OLD MAN : 그런 자네도 '나'를 나누고 있지 않는가? 누구나
다 그렇다네. 그렇게 할 수밖에 없네. 헌데 그렇
다면 분명히 말해 '나'란 누구인가?

YOUNG MAN : 두 개의 경우, 즉 육체와 마음이라는 것으로 이

루어져 있다고 보지 않을 수 없겠습니다.

OLD MAN : 그렇게 생각하는가? 그럼 '나는 세계가 둥근 것을 믿는다'고 말할 경우, 그렇게 말하고 있는 '나'란 도대체 누군가?

YOUNG MAN : 마음이죠.

OLD MAN : 지구가 둥글다는 증거를 검토하고 승인하는 경우, 과연 마음은 지적 기능이 작용한 것일까?

YOUNG MAN : 그렇겠지요.

OLD MAN : 아버지의 죽음을 슬퍼하는 경우, 역시 지적 기능은 작용하고 있는 것일까?

YOUNG MAN : 그것은 두뇌의 작용이 아닙니다. 감정의 문제이겠죠.

OLD MAN : 그 근원이란 마음에는 없고 도덕의 영역 안에 있다는 말인가?

YOUNG MAN : 그렇게 인정하지 않을 수가 없습니다.

OLD MAN : 한 가지 물어보겠는데 자네의 그 마음이란 자네의 육체의 한 장비에 지나지 않다는 말인가?

YOUNG MAN : 아닙니다. 육체로부터는 독립한 것, 곧 정신적인 것입니다.

OLD MAN : 정신적인 것이니까, 육체적인 것 등으로부터 영향을 받을 리가 없다는 말이군?

YOUNG MAN : 그렇습니다.

OLD MAN : 예를 들면 육체는 취해 있어도 마음은 멀쩡하다는 말이군?

YOUNG MAN : 아니, 뭐…….

OLD MAN : 육체적 영향이 있다는 말이 아닌가?

YOUNG MAN : 그렇다고 할 수도 있겠습니다.

OLD MAN : 두개골절로 미쳐버린 예가 있지. 만일 마음이 정신적인 것이어서 일체 육체적 영향으로부터는 독립되어 있다고 한다면 도대체 이런 일은 어째서 일어나는 거지?

YOUNG MAN : 거기까지는 잘 이해가 안 됩니다.

OLD MAN : 다리가 아플 때, 어떻게 자네는 그걸 알지?

YOUNG MAN : 느껴지기 때문이죠.

OLD MAN : 신경이 그 상처가 난 것을 두뇌에 전달해 주기까지는 느끼지 못했을 건데. 그렇다면 두뇌란 역시 마음에 있다는 말이 아닌가?

YOUNG MAN : 그렇다고 생각합니다.

OLD MAN : 그러면 자네가 말하는 그 정신적이라는 말은 육체라는 조수助手라는 심부름꾼이 없으면 신체의 말단부에서 일어나는 사건마저 모를 정도로 그렇게 믿을 수 없는 정신이란 말인가? 이제는 알았을 테지만 '나'란 누군가, '나'란 무언가 하는 이 문제, 절대로 간단한 문제는 아닐세. 예를 들면 자네는 '나는 무지개의 아름다움을 칭찬한다'고 말했네. 또 '나는 지구가 둥글다고 믿는다'고도 말했네. 그런데 그러한 경우 잘 생각해 보면, 뭐 반드시 '나'의 모든 것이 그렇게 말하고 있는 건 아니라고 말하고 있는 것은 정말로 지知의 부분에 지나지 않는 거네. 마찬가지로 또 '나는 슬프다'고도 말하네. 이런 경우도 역시 '내' 전부가 말하고 있는 것은 아닐세. 다만 도덕적인 부분만이 말하고 있는데 지나지 않네. 마음이라는 것은 전면적으로 정신적이라고 말할 것이라고 생각되나 또 '나는 아프다'고도 말하네. 게다가 이번에는 그 '나'라는 것은 지적인 것과 정신적인 것의 결합이라고도 말하네. 즉 우리 인간이란, 모두 이러한 참으로 애매한 형태로 '나'라는 말을 사용하고 있는 것이 부득이한 일인지도 모르겠네. 바꾸어 말하면 인간이란 자네가 말하는 그 '전체'라는 것의 위에 뭔가 또 다른 주인, 그리고 왕王이라고도 할 수 있는 존재를 가상한 위에 그 녀석을 '나'라고 부르고 있을 따름이네. 그러니까 그것을 정의하게 되면 곧 곤란하게 되어 버리네. 바로 지성과 감정과는 서로 완전히 독립하여 작용하네. 우리도 그런 건 알지. 그렇기 때문에 마침내 주위를 둘러보고서 말일세. 뭔가 그 양자를 통합한 지배자라고나 할까, 이른바 확고부동한 '나'로 통용되는 것을 찾아 헤매고 있는 거라네. 지금 한 가지 말하면 그 '나'라는 대명사를 사용하는 경우 그것은 도대체 무엇을 의미하는가, 누구의 일, 무슨 일을 말하는가? 그것을 분명히 해 주는 통합자를 찾는 거라네. 그런데 그런 것은 단념하는 수밖에 없네. 그런 것은 없다고 솔직히 고백할 수밖에 도리가 없는 거네. 그래서 나보고 말한다면 결국 인간이란 것은 기계, 다만 도덕적 메커니즘, 그리고 지적 메커니즘과, 여러 가지 메커니즘으로부터 생겨난 것에 지나지 않네. 게다가 그런 메커니즘은 제 각기 내재하는 주인의 충동에 따라서 완전히 자동적으로 작용하는데 지나지 않으며, 그 또 내재하는 주인이란 것은 다만 타고난 기질과, 무수한 외부로부터의 영향, 교육의 집적으로 이루어지는데 불과하다는 말일세. 그렇기에 이 기계의 유일한 기능이란 내용의 선악 등은 불문하고 다만 이 주인의 욕구의 한도 내에서 그 정신적 만족감을 얻고자 하는 것뿐일세. 이 기계의 의지, 이것은 절대적이어서 거기에 따르는 수밖에 도리가 없으며 사실 항상 따르고 있네.

YOUNG MAN : 그 '나'라는 것이 '영혼'이 아닐까요?

OLD MAN : 그런지도 모르지. 하지만 그 '영혼'이란 것은 원초적인 것이란 말이군.

YOUNG MAN : 아뇨, 잘은 모르겠습니다만.

OLD MAN : 그렇겠지, 누구도 알 턱이 없지.

주 정념主 情念

YOUNG MAN : 그럼 그 주연— 더 알기 쉽게 말하면 양심이라는 것이겠지만— 그것이 무엇입니까? 설명해 주십시오.

OLD MAN : 인간 속에 있어서 싫어도 인간으로 하여금 그
욕망의 충족에 봉사케 하는, 말하자면 신비한
독재자라고나 할까. 그렇지 않으면 또 자가 승
인을 요구해 마지않는 주 정념(마스터 패션)이라고
말해도 좋을 것이네.

YOUNG MAN : 어디에 자리 잡고 있습니까?

OLD MAN : 인간의 도덕적 체질 속에 말일세.

YOUNG MAN : 그리고 그 명령이란 것은 인간의 선을 지향하
고 있는 것일까요?

OLD MAN : 인간의 선에 관해서는 전연 무관심하네. 관심이
란 것은 다만 그 스스로의 욕망을 만족시킨다는
것, 그것뿐이지. 다만 인간을 위해 필요한 것을
선택케 하는 그러한 교육, 훈련만은 가능하지.
하지만 그렇게 말은 하지만 그것은 다만 그 편
이 보다 스스로를 만족시켜 주기 때문에 선택했
을 따름이라는 얘길세.

YOUNG MAN : 가령 높은 이상으로 교육하자고 했을지라도 추
구하는 것은 변함없이 자기 만족감이므로 인간
을 위해서란 말이 안 되지 않습니까?

OLD MAN : 옳은 말일세. 교육 같은 걸 하건 하지 않건, 인

　　　　간을 위한 일이란 생각지도 않네. 전연 아랑곳
　　　　않는다네.

YOUNG MAN : 주 정념이란 것은 인간의 도덕적 체질에 뿌리
　　　　박은 비도덕력非道德力인 것처럼 생각되는데요.

OLD MAN : 암, 인간의 도덕적 체질에 뿌리박은 무색無色의
　　　　힘이라는 것이네. 본능이라고 불러도 좋겠지.
　　　　선악의 구별 같은 건 되지도 않으면 하지도 않
　　　　네. 또 자신의 만족을 얻을 수 있는 한 인간에
　　　　관한 결과 따위는 도무지 생각도 않는 맹목盲目,
　　　　무리성無理性의 본능이란 것이네. 게다가 자기만
　　　　족만은 꼭 달성하지.

YOUNG MAN : 그 정념도 돈은 필요로 하겠죠. 아마 돈이라는
　　　　것이 인간에게 있어 강력하다는 건 생각 할 테
　　　　니까요.

OLD MAN : 반드시 돈을 원한다고는 할 수 없네. 반드시 권
　　　　력, 지위 그 밖의 그러한 물질적 이익을 추구한
　　　　다고 말할 수 없네. 오히려 모든 경우에 정신적
　　　　만족을 추구하지. 그 방법은 어디에 있건 말일
　　　　세. 그리고 그것의 욕망을 결정하는 것은 그 인
　　　　간의 기질— 그것이 욕망의 주인일세. 기질 · 양

심·감수성·정신적 욕구 등등 호칭은 여러 가지로 다를지 모르지만 사실은 오직 한 가지 것이네. 돈 같은 것과는 상대도 않고 인간의 얘기를 들은 적이 없는가?

YOUNG MAN : 있습니다. 많은 봉급을 받는 회사에 들어갔는데 그 다락방 속의 서지와 책을 버리려고 하지 않고 있더라는 어떤 학자의 얘기입니다.

OLD MAN : 그런데 그것도 결국은 그 주인— 결국 그 사나이의 기질인 정신적 욕구라는 녀석을 만족시킬 수는 없었다— 즉 돈보다도 책을 선택했다는 이야기군 그래. 또 다른 예는 없는가?

YOUNG MAN : 있습니다. 은자隱者입니다.

OLD MAN : 좋은 예군. 확실히 은자란 고독, 굶주림, 추위, 그밖에 참으로 온갖 위험에 견디어 내네. 그런데 이것도 결국은 그의 속에 있는 독재자를 만족시키는 것뿐이네. 즉 그 은자의 독재자란 돈이니, 허영이니, 그밖에 돈으로 살 수 있는 사치스러움보다도 오히려 지금 말한 바와 같은 고난, 나아가서는 기도, 명상 같은 쪽을 선택한데 지나지 않네. 그밖에 또 있는가?

YOUNG MAN : 있습니다. 화가, 시인 그리고 과학자.

OLD MAN : 바로 그거야. 결국 그들의 독재자라는 녀석이
팔거나 사거나 한 어떤 직업보다도 돈벌이라는
점에선 어떻든, 누가 뭐래도 지금도 말한 직업
의 즐거움 쪽을 선택했을 뿐이라는 얘길세. 주
정념— 즉 정신의 만족이란 것은 말일세, 무엇
이나 이른바 물질적 이익, 물질적 번영 즉 현금
이나 그밖에 그러한 것들만을 추구했다고 말할
수만은 없겠네. 여러 가지로 더 다른 일에 관심
을 가지고 있다는 얘기일 따름이야. 알겠는가?

YOUNG MAN : 그거야 인정하지 않으면 안 되겠죠.

OLD MAN : 인정하지 않을 순 없겠지. 공무원의 수고, 고민,
그 대신에 영예 같은 것을 찾아 이리저리 뛰어
다니는 인간도 많은 대신에 그러한 것을 단호히
거부하는 인간도 적지가 않네. 꼭 반반쯤이나
되겠지. 후자의 기질이 정신의 만족, 다만 그것
만을 추구한다면 전자도 역시 그와 같다고 하겠
네. 어느 쪽이든 추구하고 있는 것은 정신의 만
족, 그것뿐이기 때문일세. 한쪽을 더럽다고 말
하면 어느 쪽이나 다 더럽네. 어느 쪽이나 추구

하고 있는 목적은 완전히 같기 때문에 더러움도 또 마찬가지라는 말일세. 어느 쪽의 인간이건 선택을 결정하는 것은 기질이네. 그리고 그 기질이란 것은 천성적인 것, 타고난 것이요, 후천적으로 만들어지는 것은 아닐세.

결 론

OLD MAN : 휴가라도 얻었는가?

YOUNG MAN : 일주일 동안 등산 여행을 하고 돌아왔습니다. 이야기를 시작해도 좋겠습니까?

OLD MAN : 좋고말고, 어디부터 시작할 판인가?

YOUNG MAN : 사실은 피로한 휴가였습니다. 이틀 밤낮을 누워 뒹굴면서 지금까지 해 왔던 말들을 곰곰이 생각해 보았습니다. 일단 정성스레 검토도 해 본 셈입니다. 그런데 그 결과란 건 그…… 선생님의 그 인간관, 그것은 언젠가는 책으로 펴 낼 생각이신가요?

OLD MAN : 아니, 20년 동안이나 내 속의 그 주인은 때때로 책으로 만들어 내지 말라는 것도 어지간히 명령은 하고 싶은 것 같았었네. 그런데 마침내 명령은 내리지 않았네. 왜 그랬는지 역시 내 입으로 말하지 않으면 안 되는가? 그렇지 않으면 참으로 간단한 이야기지. 나의 도움 같은 거 없어도 자네 스스로 설명이 불가능할까?

YOUNG MAN : 선생님의 설에 따르면 참으로 간단한 이야기겠죠. 외부의 힘은 선생님의 안에 있는 주인에게 명령을 발하도록 독촉했을 테지만 또 다른 하나의 강한 이것도 외적인 힘 쪽이 그것을 저해했다고 말씀하시겠죠. 인간의 두뇌라고 해 봤댔자, 어차피 그뿐이라면 아무런 생각도 창출해 내는 힘은 없으니까, 밖으로부터의 힘이라도 가해지지 않는 한 어떤 충동이건 생겨날 리는 없었기 때문이에요.

OLD MAN : 옳은 말일세, 계속하게나.

YOUNG MAN : 책으로 쓰는 것이나 그만 두는 것이나 모두가 아직은 선생님의 주인의 수중에 있겠죠. 언젠가 앞으로 밖으로부터 힘이 가해져 그 주인의 의지를 발표하겠다고 결정지으면 물론 그는 명령을 내릴 것이고 그 또 명령은 반드시 복종

　　　　시키게 되죠.

OLD MAN : 옳아, 그런데?

YOUNG MAN : 저는 여러 가지로 생각한 끝에 이런 결론에 도
달했습니다. 선생님이 그 교설敎設을 발표하시는
것은 세상에 유해한 일입니다. 실례가 되었다면
용서해 주십시오.

OLD MAN : 용서해 달라고? 무슨 소리…… 자네가 한 건 아
니잖은가? 자네는 단순한 도구에 지나지 않네.
소리 내는 나팔이지. 소리를 내는 나팔에게 말
을 한 책임은 없네. 예를 들면 어렸을 적부터의
자네의 교육, 훈련, 사고와 편견 등등, 모두 그
러한 중고품의 수입품의 형태를 취한 밖으로부
터의 힘인데 그러한 것이 자네의 중심인 주인을
설득해서 말일세, 이러한 설교의 발표는 해가
된다고 그렇게 생각케 한데 지나지 않네. 그런
데 뭐, 그것도 좋다고. 극히 당연한 이야기이고
최초부터 알고 있던 이야기니까 사실 그럴 수밖
에 달리 별 도리가 없었을 걸세. 그럼 계속해 주
게나. 그리고 이것도 얘기하는데 편의를 위해서
인데 언제나 습관에 따라서 하는 게 좋네. 즉 제

1인칭의 형태로 얘기하는 걸세. 제 각기 자네의 주인은 이 문제에 대해서 어떻게 생각하고 있는지 그걸 한 마디 해 주게나.

YOUNG MAN : 첫째로는 선생님의 그 설교하는 것은 너무나도 지나칩니다. 사람을 고무하고 격려하고 용기를 북돋워 주는 점이 전연 없어요. 인간으로부터 영광을 빼앗고 궁지를 빼앗고, 헤로이즘을 빼앗아 일체의 인간적 신용, 칭찬이란 것을 부정해 버리고 있으니까요. 단순히 기계로 대한 제어력이라는 것까지 인정하지 않고 있으니까요. 그러니 마치 인간은 코피 맷돌이라고요. 덕택에 코피를 먹기도 하고 크랭크를 돌리거나 하는 것조차도 허용되지도 않고 허용되는 것은 다만 그 인간의 사람됨 나름에 따라 혹은 거칠게, 혹은 가늘게 맷돌의 기계를 조정하는 것뿐이라는 얘기지요, 그 나머지는 모두 밖으로부터의 힘이 하는 것이니 참으로 비참하고 불쌍하다고나 할 수 없는 이야기…….

OLD MAN : 자네 말이 맞아. 한 가지 묻겠네, 인간은 무엇에서 가장 크게 감동하지?

YOUNG MAN : 그거야 지력知力·용기·건장한 체구·미모·자
비·자애·관용·친절·헤로이즘— 그밖에도
얼마든지 있죠.

OLD MAN : 됐네. 그런데 그런 것들은 말하자면 원소元素에
지나지 않네. 덕행도 용기도 성덕聖德도 신실信實
도 충성도 그리고 고매한 이상도— 그리고 또 사
건 따위에 나와 있는 관련 개념도, 모든 그런 것
들은 이들 원소로 만들어진 3차 산품에 지나지
않네. 결국 저 파랑과 노랑을 섞어 녹색을 만들
기도 하네. 또 빨강을 여러 가지로 바꾸어 갖가
지 밝고 어두운 색조의 적색을 내기도 하는 것처
럼 말일세. 요컨대 모든 원소의 혼합, 결합 그리
고 농담濃淡에 의해 만들어 낸 것에 지나지 않는
거야. 색으로 말하면 일곱 가지 기본 색이 있네.
모두 무지개에 나타나 있는 색깔이지. 다만 그
것을 가지고 인간들은 수십 가지 중간색을 만들
어 내어 이름을 붙이네. 자네가 말한 것은 인간
이라는 무지개의 기본 색만을 열거한 데에 지나
지 않네. 그리고 그 하나의 혼합체, 예를 들면
헤로이즘이라는 것은 용기와 그리고 관용으로써

만들어 내는 걸세. 자, 거기까지는 그래도 좋은
데, 그럼 과연 이들 원소의 어느 것을 그 소유자
인 인간은 스스로의 힘으로 창출해 낼 수가 있겠
는가? 지력인가?

YOUNG MAN : 아니죠.

OLD MAN : 왜?

YOUNG MAN: 그것은 타고난 것인 걸요.

OLD MAN : 용기는?

YOUNG MAN : 그것도 타고난 것이죠.

OLD MAN : 건장한 체구나 용모의 아름다움은?

YOUNG MAN : 그것도 타고난 권리입니다.

OLD MAN : 자비·자애·관용·친절 등등…… 이들은 기
본적 도덕성인데, 어느 것이나 모두 풍부한 열
매를 감춘 종자로 외부로부터의 힘에 의한 재배
의 손길만 가해지면 굉장히 많은 혼합종, 결합
종의 미덕이 생겨나네. 즉 사전에 실려 있는 많
은 덕목이 생겨나는 종자인데 그런 것들의 어느
하나라도 인간의 힘으로 창출해 낸 것이 있는
가? 그렇지 않으면 모두 타고난 것이란 말인가?

YOUNG MAN : 타고난 것입니다.

OLD MAN : 그걸 누가 창조해 냈단 말인가?

YOUNG MAN : 하나님입니다.

OLD MAN : 자네가 말하는 영광이니, 칭찬이니 하는 것은?

YOUNG MAN : 그것도 하나님입니다.

OLD MAN : 인간의 값을 하락시키는 것은 자네들이라네. 인간이 가지고 있는 모든 좋은 것에 대해, 자네들은 줄곧 인간의 영광, 칭찬, 그리고 추종이라는 것을 말하네— 그런데 그런 것은 모조리 빌려온 의상이 아닌가. 단 한 장도 자기 돈으로 산 것이 없고 자기 행동으로 만들어 낸 것도 없네. 결국 자네들은 인간을 사기꾼, 투기꾼으로 만들고 있어. 나는 그런 지독한 일을 한 적은 없네.

YOUNG MAN : 하지만 선생님은 인간을 기계로 인정해 버렸습니다.

OLD MAN : 사람은 손으로 복잡하고 정묘한 곡이 피아노로부터 나오도록 두들겨 대네. 치는 사람이야 무언가 다른 일을 생각하기도 하고 친구들에게 무언가 말을 나누기도 하지만 그 곡을 정확히 두들겨 대지 않는가. 그 법칙을 창출해 낸 건 누구인가?

YOUNG MAN : 하나님입니다.

OLD MAN : 혈액을 창출해 낸 건 누구인가? 인간의 조력,
인간의 조언 따위는 전연 없이 밤낮으로 어김없
이 갱신更新, 재생再生의 흐름을 신체 속으로 보내
며 자동적으로 해내는 그 훌륭한 장치를 창출해
낸 것은 누구인가? 자동적으로 활동하는 인간
의 마음가짐들— 의지나 의식과는 상관없이 좋
아하는 것에 제 멋대로 몰입하고 마음에 들기만
하면 밤새껏이라도 매달려 조금 쉬라는 말이나
비명에도 귀를 기울이지 않는 그 마음의 작용,
이것을 창출해 내는 것은 누구인가? 모두 신이
창출해 낸 것이겠지. 인간을 기계로 취급한 건
내가 아니라 신이야. 나는 다만 그 사실을 얘기
한 것에 지나지 않네. 사실에 대해 밝혀주는 것
이 잘못이라도 된단 말인가? 그게 죄인가?

YOUNG MAN : 그로 인해 해가 생기는 한 사실의 폭로는 역시
잘못이겠죠.

OLD MAN : 그래서?

YOUNG MAN : 우선 현상부터 살펴 주십시오. 아무튼 인간이

란 만물의 영장이라고 배워 왔습니다. 그리고 또 그것을 믿고 있습니다. 발가벗은 야만인이건, 비단옷으로 성장을 한 문명의 귀인이건 예로부터 오늘날까지 이 사실을 의심한 것은 단 한 사람도 없을 것입니다. 덕택에 인간의 의기는 양양하고 생활도 즐겁습니다. 자기 자신에 대한 자랑, 마음으로부터의 자기 예찬, 자력으로 성취한 성과에 대한 기쁨, 또 그로 말미암아 받는 칭찬에 대한 넘치는 희열— 그러한 것들이 모두 그들을 높이고, 격려하고 또 보다 높은 비약으로 야심을 품게 해 왔습니다. 즉 한 마디로 말하면 보람찬 인생을 보내 온 것입니다. 그런데 선생님의 말씀에 따르면 그런 것들은 모두 백지화되고 인간은 기계로 전락하며, 무無에 가까운 존재, 높은 긍지도 단순한 허영심에 불과하다는 단정에 실망하고 말 것입니다. 제 아무리 노력해 보았댔자, 영원히 이웃 사람이나 어리석고 비천한 무리들과 조금도 다를 것이 없게 될 테니까요. 이래서는 두 번 다시 살 용기가 나지 않습니다. 삶의 보람 같은 것도 없어지고 맙니다.

OLD MAN : 자네는 그렇게 생각하는가?

YOUNG MAN : 물론이지요.

OLD MAN : 자네는 내가 우울해 하거나 절망에 빠져 번민하는 것을 본 적이 있는가?

YOUNG MAN : 없습니다.

OLD MAN : 그럼 말해 보게. 나는 이러한 모든 것을 믿고 있으면서도 불행을 모르네, 왜 그럴까?

YOUNG MAN : 그건 기질 탓이겠지요. 선생님은 그 사실을 정확히 교설 속에서 말씀하셨잖습니까.

OLD MAN : 만일 어떤 사람이 불행한 기질로 태어났다고 한다면 그는 아무리 해도 행복하게는 안 되네. 반면 행복한 기질로 태어났다면 그 또한 불행하게는 안 되네.

YOUNG MAN : 얼어붙을 것 같은 그런 지독한 신념을 가지고라도 있습니까?

OLD MAN : 신념? 그 신념이란 게 기껏해야 확신 같은 것인가? 그런 것은 무력도 무력이지만 어찌되는 것은 아닐세. 신념으로써 타고난 기질에 맞선다는 건 말도 안 되는 얘길세.

YOUNG MAN : 그건 믿겨지지 않습니다.

OLD MAN : 굉장히 성급한 결론이군. 그런 점으로 보아도 자네는 아직 사실이란 것을 충분히 검토하지 못했어. 자네의 친한 친구들 가운데 누가 가장 행복하다고 생각하는가? 버제스인가?(존 윌리엄 버제스, 1884~1913년. 미국의 정치학자. 오늘날의 콜롬비아 대학이 있게 한 큰 공을 세웠다. 정치학자로서는 연방정부 권력의 강대화를 배제하고 주권州權 개인 시민권을 주장했다).

YOUNG MAN : 어쩌면 그럴 수도 있습니다.

OLD MAN : 그리고 누가 가장 불행한가? 헨리 아담스인가? (유명한 《헨리·아담스의 교육》의 저자. 1838~1918년. 제2대, 6대의 미국 대통령을 낳은 명문가에 태어나서 대학교수, 저널리스트, 역사가 등등으로 늘 좌절감에 고민하며 최후는 미국 문명, 문화에 대한 비통한 회의와 절망으로 끝났다. 『아담스의 교육』은 그 정신적 자서전).

YOUNG MAN : 물론이죠!

OLD MAN : 나는 두 사람을 다 잘 알고 있네. 물론 그들은 극단적이고 좀 이상하기조차 하지. 기질은 마치 양극처럼 정반대. 그런데 그들의 경력은 거의 비슷하네— 그 결과는 어떤가? 버제스는 언제나 쾌활하고, 행복하고, 희망에 불타 있었지. 그와는 대조적으로 아담스는 늘 우울하여 희망, 용기 같은 건 전혀 몰랐었네. 두 사람 모두 청년 시절에 지방 언론 사업에 손을 댔다가 실패했네. 그래도 버제스는 괴로워하지 않았지만 아담스는 완전히 웃음을 잃었었네. 날마다 실패를 후회하고 슬퍼했었네. '그런 경우 그렇게 하는 게 아니었는데…… 이렇게 했으면 좋았어—그랬으면 성공했을 텐데' 하는 식으로 말일세. 그리고 지독하게 자신을 자학할 따름이었네. 두 사람 다 법률 공부를 했지— 그러나 이것 역시 실패였네. 하지만 이 경우도 또 버제스는 변함없이 밝은 표정이었었네— 그럴 수밖에 도리가 없었기 때문이겠지. 그런데 아담스는 비참했었네 — 이역시나 그렇게 할 수밖에 달리 도리가 없었기 때문일세. 그리고 그 이후 오늘날까지 두 사람 모두 여러 가지 일을 해 보았지만 모두 실패였었네. 헌데 그 때마다 버제스는 여전히 씩씩하고 명랑하게 다시 재기를 하였는데 아담스 쪽은 그와는 정반대였다네. 그리고 확실히 알 수 있는 건 두 사람의 타고난 천성이라는 것이었지. 그러한 형이하면(形而下面)의 부침 변전(浮沈 變轉)에도 불구하고 그것들을 통해서 조금도 달라진 게 없다는 사실일세. 그러니까 이번에는 한 가지 양자의 정신면을 살펴보지 않겠는가? 두 사람 다 열렬한 당원이었네. 그리고 또 극성스런 자당自党 비판자이기도 했다네. 그런데도 이러한 잇따른 정치적 신조로부터 탈출하여 버제스는 늘 행복해 한데 반해 아담스는 시종 불행한 자신을 자학했었네. 두 사람 모두 장로교파에서 연합교파로, 연합교파에서 감리교로, 감리교에서 카톨릭으로— 그리고 또 다시 장로교로, 최후에는 다시 또 감리교 신자가 되었었네. 더군다나 이러한 신앙의 편력에서조차 버제스는 시종 행복한데 반해, 아담스는 늘 불안에 시달렸었네. 현재는 두 사람 모두 '크리스천 사이엔스'를 맡아 하고 있네. 게다가 결과는 여전히— 말하자면 그렇게 될 수밖에 없겠네. 어떤 정치적 신조, 종교적 신조를 가지고라도 버제스를 불행하게 할 수는 없으며, 반대로 아담스를 행복하게 할 수도 없었네. 그것은 분명한 기질 문제였네. 신조란 후천적인 획득물에 지나지 않지만 기질이란 타고 난 거지. 신조는 바뀔는지 모르지만 기질은 무엇이 어쨌건 변하지 않네.

YOUNG MAN : 하지만 선생님이 예를 드신 것은 어느 쪽이나 극단적인 기질이지요.

OLD MAN : 하지만 다른 사람들도 대개는 이들 양극단의 수정에 지나지 않네. 그런데 법칙이라는 건 하나지. 가령 기질이 '3분의 2 행복'이라든가, '3분의 2 불행'이라든가 하세, 어떤 정치적 신조, 종교적 신조를 가지고도 이 비례 비율을 바꿀 수는 없네. 다만 현실적으로는 대다수의 기질이란 것은 꽤 평균적이어서 균형이 잡혀 있는 것일세. 그렇게 극단적인 케이스는 없네. 그러니까 하나의 국민이란 자가 대체적으로 그 나라의 정치적, 종교적 상황에 적응하는 것을 배우면 말일세, 이윽고는 그것들을 사랑하고, 만족하고, 최후에는 자진해서 선택하게까지 되네, 국민이란 자는 생각하거나 하는 것은 아니네. 느낄 따름이네. 게다가 그 감정도 말일세, 두뇌를 통해서 얻어지는 것은 아닐세. 기질을 통해서, 말하자면 두 번 되풀이해서 얻는데 지나지 않는 것이네. 원래 국민이란 어떤 정치에건, 어떤 종교에건 얼마든지 잘 적용시킬 수가 있네— 물론 논증에 의해서 그런 건 아닐세, 어디까지나 상황이라는 강제력에 의해서라네. 게다가 그렇게 되면 이윽고는 그런 중에 요구 당하는 조건에도 딱 잘 적용할 수 있게 되며, 마지막에는 스스로 자진해서 그것들을 선택하고 그를 위해서는 생명을 바쳐서라도 싸우려고 하게까지 되네. 그 실례로는 모든 역사가 말하고 있네— 그리스인도, 로마인도, 페르시아인도, 이집트인도, 러시아인도, 독일인도, 프랑스인도, 영국인도, 스페인인도, 미국인도, 남미인도, 중국인, 한국인, 일본인도, 인도인도, 그리고 터키인도 말일세— 그것이야말로 무수한 원시적이고 개명한 모든 종교— 위로는 호랑이로부터 아래로는 집 고양이까지를 말하는데— 그리고 또 생각할 수 있는 한의 모든 정치 형태도 또 모두 그것일세. 온 국민이 모두가 자신만은 유일무이한 참된 종교, 그리고 또 건전한 정치 조직이란 것을 가지고 있다고만 혼자 속단하고 제각기 다른 국민에 대해선 모두 깊은 경멸감을 갖네. 어떤 경우에나 모두가 어리석은 경우인데 그런 것에는 조금도 깨닫지를 못하네. 제 각기 제멋대로 훌륭하다는 생각으로 더욱더 교만해지네. 자기네들이야말로 하나님의 선민이라고 하면서, 눈곱만큼도 의심하지 않네. 전쟁이라도 일어나면 어떠한가, 하나님은 반드시 자기들의 선두에 서줄 것이라고만 믿고 있네. 아무 의심도 없이 하나님의 이름을 불러대네. 그러니까 말인데, 만일 그 신이 적의 편이라도 되어 보게나, 그야말로 완전히 두 손 들겠지. 그런데 그게 바로 습성이란 것이지. 당장에니 뭐니 이유를 붙여서는…… 또 다시 겉치레 인사를 보내는 수도 있네— 즉 한 마디로 하면 인류란 참으로 천하태평이네 그려. 무슨 일이 있건 간에 천하태평, 영원히 천하태평이네. 어떤 신심信心이건 그런 건 개의치를 않지. 예를 들면 제사를 지내는 신이 호랑이이건 집 고양이이건 그런 것은 개의치 않네. 아무튼 행복하고, 가장 자신 있고, 감사하기 좋아하고, 이른바 어쩔 수 없을 정도로 천하태평이야. 나는 다만 사실을 말하고 있는 것뿐일세. 그것은 자네도 알겠지? 인류란 그렇게도 낙천가일까? 자네도 그렇게 생각할 테지. 이 만큼의 불행에 견디면서 또 행복이라는 것을 생각한다고 말일세. 아무리 내가 그들 앞에 냉혹하고 끔찍한 사실을 늘어놔 봤댔자, 과연 그들의 눈에 띄는 관심을 빼앗을 수 있는 건지 어떤지는 의심스런 것이네. 그런 힘이 나에게 있다고 생각하면 유감이지만 과대평가한 것일 테지. 그런 것을 할 수 있는 사람은 없네. 시험이란 시험은 다 해 보았지만 모두 실패였네. 그러니까 뭐 걱정할 건 없어.

옮기고 나서

　마크 트웨인은 『톰소여의 모험』,『허클베리 핀의 모험』 등 영원불멸의 작품들을 연상케 된다.

　그는 어머니로부터 물려받은 천부적인 풍자 감각으로 23편의 작품을 남겼는데 그 중의 하나가 이 『사람이란 무엇인가』 (WHAT IS MAN ?)이다. 이 작품(대화체 평론)은 같은 사후 출판의 유작물인 『이상한 소년』과의 사이에서 밀접한 상관성이 있다. 다시 말하면 이 평론에 나타난 마크 트웨인의 인간관人間觀을 거의 그대로 이야기 화한 것이 『이상한 소년』 이기 때문이다. 이렇게 말하면 물론 반론을 제기할 사람도 있을 것이다.

　그러나 까다로운 논란은 전문가들에게 양보하기로 하고 본인이 소개하고자 하는 것은 다만 현물 그 자체지, 해석은 아닌

것이다. 어쨌든 이 두 작품들은 그의 만년인 1890년대에 남긴 유작으로 그의 인간관, 우주관, 세계관의 완숙한 경지를 보여 주고 있는 것만은 확실하다.

1890년대라고 하면 마크 트웨인이 이미 60세를 전후 한 시기이다. 이 무렵부터 그의 사상에, 또는 그의 작품 속에 현저하게 인간 불신의 페시미즘이 농도 짙게 나타나고 있는 것은 사실이다. 그런데 그 원인을 말하라한다면 참으로 까다로운 문제가 되지만 한 마디로 하면 외재인外在因과 내재인內在因으로 연구자들의 의견이 각기 엇갈리고 있다.

외재인이라고 하면 얘기는 매우 간단하다. 이 무렵에 그는 어떤 사정으로 막대한 빚을 지게 되었을 뿐 아니라 큰딸의 죽음, 새로이 나타난 막내딸의 전간癲癇발작, 그리고 또 아내의 중병 등, 여러 가지 악조건이 겹쳤었다. 그런데 이 빚을 다 갚아 낼 길이 없고 불어나기만 했으니 커다란 정신적 부담이었을 것은 의심할 나위 없다. 이런 인간의 악조건들이 모이고 쌓여 그를 암담한 염세, 절망적인 작가로 만들어 버렸다고 한다.

그러나 결론은 간단히 끝나지는 않는다. 그렇다면 그와 같은 거듭된 인간의 악조건을 경험한 인간의 만년이, 모두 이 작자처럼 페시미즘과 결정론적 인간관으로 빠져 들어가 버렸는가 하면 꼭 그렇다고만은 말할 수 없다.

그래서 등장하는 것이 내재인설內在因說, 결국은 그의 속에 보다 일찍부터 말하자면 선천적이라고도 할 그러한 심인心因이 존재해 있었기 때문이라고 하는 것이다. 확실히 그런 주장에도 수긍할 만한 일리는 있는 것 같다. 즉 그의 결정론적 인간관의 싹이라면 오히려 꽤 이른 시기에, 곧 『미시시피강 위에서의 생활』이나 『허클베리 핀의 모험』 등 다소의 풍자는 있지만 그 밝고도 여유 있는 걸작류를 쓰고 있던 1880년대 전반으로까지 멀리 거슬러 올라간다는 것이다. 그리고 이것도 역시 그 논증의 인용 예들을 더듬어 보면 도저히 역자와 같은 문외한으로서는 끝까지 부정할 수 없는 설득력이 있다.

그런데 원인론은 제쳐두고 사실만은 명백하다. 60대 후반, 특히 70세를 넘고부터의 그에게는 확실히 심층 심리학에 의한 분석인지, 병적학病跡學의 도움이라도 빌려온 듯한 기행奇行이 속출한다. 자세한 것은 전기서傳記書에 미루고 두세 가지 두드러진 예만 들면 지독한 꿈, 즉 악몽에 이상한 관심을 갖기 시작하고 있다.

또 언제 자신이 소년 시절의 가난, 역경으로 전락할는지도 모른다고 하는, 이것도 끊임없이 피해망상에 시달리고 있었던 것 같다. 그런가 하면 한때 상식으로는 판단할 수 없을 정도의 이상한 당구 열에 빠져 보거나, 또 확실히 만 70세를 넘고부터라고 생각되는데 어찌 생각했던지 앞으로 입는 것은 하얀 옷만을 입는다는 이상한 결심을 하거나 한 적도 있었다. 게다가 그것을 실제로 실행했다니까…… 아마 병적학에 흥미를 가질 정도의 자라면 침을 삼키고 달려들었을 법한 만년의 나날이었던 흔적을 엿볼 수 있다.

그런데 이러한 만년의 모습 속에서 이 '복음'의 발상이 무르익어 갔다고 생각하면 틀림없을 것이다. 그러나 과연 언제부터 이러한 소크라테스적 대화체의 작품 구상이 무르익어 이윽고 그가 집필에 들어갔는지는 약간의 이설도 있어 정확히는 알 수 없다. 그런데 그렇더라도 거의 1896년경 오스트리아의 빈에서 처음으로 기고되었다고 하는 사실은 명백한 것 같다. 그리고 그 후 몇 차례인가 퇴고를 한 것 같은데(어느 정도인지는 모른다) 아마도 1903년경에는 탈고를 보았던 것만은 확실하다. 작자로서는 19세기적 낙천적인 인습 관념을 근거로부터 뒤집어엎어 잘되면 세상을 놀라게 하고 격노시켜 마지않을 정도의 의욕을 갖게도 했었던 모양이나, 반대는 뜻 밖에도 발 앞에서 일어났다.

병든 아내 올리비아는 심한 충격을 받았으며 딸들은 무서워서 몸을 떨었었다고 한다. 결국 그도 출간은 1904년 아내가 죽기까지 기다리는 수밖에 없었다. 즉 그녀가 죽은 2년 뒤인

1906년 8월에 비로소 활자화되었으나 그 때도 그는 이의 일
반 공간소刊은 꺼려했었던 듯 겨우 250부만 찍어 사가판私家版으
로, 그것도 익명으로 출판되어 오로지 친지들에게만 나누어
주었다고 한다. 그리고 일반 공간은 그가 죽은 후인 1917년에
야(그는 1910년에 죽었음) 빛을 보았다.

그러면 역자 자신은 과연 어떤 생각에서 변역할 생각이 났
는가 물을는지도 모르기 때문에 마지막으로 한 마디만 덧붙인
다. 첫째는 『이상한 소년』과 마찬가지로 모두가 재미있어 읽
는 사람 역시 모두 그럴 것이 틀림없다고 생각했기 때문이다.
그런데 그렇다면 이러한 마크 트웨인의 결정론적 인간관에,
너는 도대체 어떤 반응을 느끼는가 묻는다면, 어느 정도 공감
을 느끼게 되었다고 대답하겠다.

작자가 설득 사례로 자주 사용하고 있는 과학적 사실이나
반증 등은 물론, 현재는 꽤 낡은 것이 되었다고 본다. 그러나
인간의 의지와 기질의 문제, 과연 인간은 자유로운 것인가 등
의 문제, 그것은 결코 낡은 것이라고 할 수 없다. 또 그의 동물
이나 곤충의 생태에 관한 놀라운 관찰은 널리 알려진 바이지
만 여기에서도 그의 해박한 관찰안은 독자들의 혀를 내두르게
만든다.

아무튼 펜 하나로 이만큼 큰돈을 번 작가는 또 없을 것이라

는 평을 받은 그의 만년의 성숙한 작품이니 만큼 우리를 놀라게 해 주는 점이 한두 가지가 아니다.

아울러 부탁드리는 것은 이 책을 읽으신 독자들께서는 반드시 『이상한 소년』도 읽어 주시면 좋겠다. 나는 이 책을 옮기면서 마크 트웨인과 한 젊은 청년이 대화하는 모습이 늘 연상되었다. 독자 여러분의 행운을 빈다.

역 자

역 자 소 개
· 고려대학교 문리대 영문학과 졸업, 한신대학 졸업, 연세대학교 대학원 졸업,
  육군 보병학교 졸업, 일본과 미국유학, 철학박사
· YMCA(청주) 총무
· 이화여자대학교, 청주사대, 한신대, 숭실대학교, 연세대학교, 경기대학 강사역임.
· 강남대학교 교수
  저 · 역서
· 칼빈의 생애와 사상(편), Erich Fromm의 Radecal Humanism 연구
· 기독교개론(공저, 형설 출판사), 한국 기독교와 제3세계(공저)
· A Study on the Indigenization Movements in Korean Churches
· H. 콕스, 뱀이 하는 대로 내버려 두지 말라(역), 오르테가, 대중의 반란(역, 근역서재)
· 몽고메리, 에바페론 에비타(역), R. 쉬인, 변혁기의 휴머니즘 논쟁(역, 학우사)
· H. 딜리케, 현대교회의 고민과 설교(역, 대한 기독교서회)
· 인간과 사회와 종교의 정신분석(도서출판 한글), 평신도신학과 한국교회의 미래(한글)

사람이란 WHAT IS MAN?

1983년 3월 30일 1판 1쇄 발행
1990년 5월 20일 1판 2쇄 발행
2006년 10월25일 2판 1쇄 발행
지은이 마크 트웨인
옮긴이 심 일 섭
펴낸이 심 혁 창
펴낸 곳 **도서출판 한글**
서울시 서대문구 북아현동 221-7
☎ (02) 363-0301 / FAX (02) 362-8635
본사홈페이지 www. han-geul.co.kr
E-mail : simsazang@hanmail.net
등록 1980. 2. 20. 제312-1980-000009호
* 잘못 제본된 책은 바꾸어드립니다.

정가 8,000원

ISBN 89-7073-236-5 -13330